RECHERCHES

SUR L'ORIGINE

DES IDÉES

RECHERCHES

SUR L'ORIGINE

DES IDÉES

Que nous avons de la Beauté & de la Vertu.

EN DEUX TRAITÉS:

LE PREMIER, *Sur la Beauté, l'Ordre, l'Harmonie & le Dessein* ; LE SECOND, *Sur le Bien & le Mal Physique & Moral.*

Traduit sur la Quatriéme Edition Angloise.

TOME I.

A AMSTERDAM.

M. DCC. XLIX.

AVERTISSEMENT.

ON prie ceux qui liront cet Ouvrage de subſtituer par-tout où ils trouveront ces ter-mes de *Sentiment moral*, & de *Sentiment intérieur*, ceux de *Sens moral* & de *Sens intérieur*, Le principal deſſein de l'Auteur eſt de montrer que nous n'avons pas ſeulement la faculté de ſentir ce qui frappe nos ſens, ou nos yeux, nos oreilles, nos narines, notre langue, ou qui touche quelque partie de nos corps ; mais auſſi un *Sens ſpirituel* & *Moral*, par le moyen duquel nous diftinguons *la Vertu du Vice*. Il donne auffi le nom de *Sens intérieur* à la faculté que nous avons de connoître ce qu'on appelle *Beau* ou *Régulier*, *Ordre* & *Harmonie*.

TABLE
DES MATIERES.

PREMIERE PARTIE.

TRAITÉ PREMIER.

PRÉFACE.

IL n'eſt point de partie plus importante dans la Philoſophie, que celle qui nous apprend à connoître l'homme, ſes diverſes facultés & ſes différentes inclinations. J'ai traité dans mon dernier Ouvrage de la nature de l'entendement humain, & indiqué les Méthodes, qui peuvent nous conduire à la connoiſſance de la vérité. On convient généralement, qu'il n'y a de vérités importantes, que celles qui contribuent à nous rendre heureux, ou à nous procurer les plaiſirs les plus ſenſibles & les plus durables; la prudence ne conſiſte que dans le choix des moyens, qui peuvent nous conduire à cette fin. Il ſeroit à ſouhaiter, que les hommes euſſent des idées diſtinctes du but qu'ils ſe

A

propoſent , ainſi que des moyens dont ils ſe
ſervent pour y arriver : ils ſeroient en état de
diſcerner les plaiſirs qui méritent leurs ſoins ,
de ceux qui ne ſont dignes que de leurs mépris.
En effet on a tout lieu de craindre , que la
plûpart de nos études ne deviennent infruc-
tueuſes ſans cette recherche , & qu'elles n'a-
boutiſſent uniquement qu'à une connnoiſſance
ſpéculative , puiſque perſonne n'a pû nous
dire juſqu'à préſent , en quoi conſiſte le plaiſir qui réſulte de cette connoiſſance , ou
vérité.

CES conſidérations m'ont engagé à rechercher la nature des différens plaiſirs que
l'homme eſt capable de goûter. La plûpart des
Philoſophes modernes ſe ſont contentés de di-
viſer ces plaiſirs en ſenſibles & en intellectuels ; de prouver par quelques lieux
communs que les derniers ſont préférables

aux autres & d'en expliquer la nature par
des exemples pris des saveurs, des odeurs,
des sons, ou de telle autre qualité sensible,
qu'un homme tant soit peu raisonnable regarde comme incapable de lui procurer une
satisfaction réelle. Ils ne nous instruisent pas
mieux de la nature des plaisirs intellectuels:
rarement trouve-t'on chez eux d'autre notion
de ces sortes de plaisirs, que celle qui résulte de
la réflexion que nous faisons sur la possession
ou le droit que nous avons sur les objets capables de nous procurer du plaisir. Nous donnons à ces sortes d'objets le nom d'Avantageux: mais on ne conçoit point ce que c'est
qu'avantage, ou intérêt, si l'on ne connoît
la nature des plaisirs que ces objets sont
capables d'exciter, ainsi que les sentimens,
ou les perceptions que nous en avons. On
comprendra peut-être mieux l'importance de
cette recherche, lorsqu'on vera l'usage que

nous en faisons dans la morale ; pour prouver la Réalité de la vertu, & la certitude du bonheur qu'elle procure.

On s'apperçoit aisement en refléchissant tant soit peu sur la nature des Sens extérieurs, qu'il ne dépend pas absolument de notre volonté d'avoir des perceptions agréables ou défagréables. Les objets ne nous plaisent pas toujours autant que nous le fouhaiterions ; & le plaifir qui réfulte de la préfence de quelques uns, n'eft pas moins néceffaire, que le dégoût que nous infpire la vûe de quelques autres. Nous n'avons qu'un feul moyen de goûter du plaifir, ou d'éviter la douleur : c'eft de rechercher les premiers objets, & de fuir les feconds. Car notre nature eft telle, que les uns deviennent néceffairement pour nous une occafion de douleur, & les autres une fource de plaifir.

On peut en dire autant de toutes les autres espéces de plaisir & de douleur : car il y a plusieurs sortes d'objets dont ces deux affections sont aussi inseparables, que des objets matériels, qui agissent sur les organes des Sens. Il n'est presque point d'objet, qui ne devienne par sa nature, l'occasion nécessaire de quelque plaisir, ou de quelque douleur. Nous prenons plaisir, par exemple, à une figure réguliere, à un morceau d'Architecture ou de Peinture, à une piéce de Musique, à un Théorème, à une Action, à une Affection, à un Caractère, &c, & nous sommes convaincus que ce plaisir résulte nécessairement de la contemplation des idées qui sont alors présentes à notre esprit avec toutes leurs circonstances, quoique quelques-unes de ces idées n'excitent en nous aucune perception sensible ; & que celui que les autres nous procurent, ne vient que de l'uni-

formité, de l'ordre, de l'arrangement, &
de l'imitation que nous y découvrons, & non
point des simples idées de la couleur, du son,
ou du mode de l'étendue pris separément.

J'APPELLE Sentiment les déterminations
qui nous font trouver du plaisir dans certaines
ormes, ou idées, qui se présentent à notre
esprit: mais pour les distinguer des Facultés ausquelles on donne ce nom, je désigne
celle que nous avons d'appercevoir la Beauté,
qui résulte de la Régularité, de l'Ordre &
de l'Harmonie, par celui de Sens intérieur; & par celui de Sens moral, cette
détermination à approuver les Affections,
les Actions ou les Caractéres des êtres raisonnables, qu'on nomme vertueux.

MON principal dessein est de montrer, que
quand il s'agit de vertu, l'homme est déter-

miné à obſerver l'utilité ou le dommage qui
réſulte des Actions, & à régler ſa conduite
ſur ce principe. La foibleſſe de notre raiſon,
jointe aux obſtacles qui naiſſent des infirmités
& des beſoins auſquels nous ſommes ſujets,
eſt telle, qu'il ſe trouve peu de perſonnes
capables de cette longue ſuite de raiſonnemens, par leſquels on s'aſſure de l'utilité
d'une Action, ou du dommage qui réſulte
de celle qui lui eſt oppoſée. L'Auteur de la
Nature nous a portés à la vertu par des
moyens beaucoup plus ſurs que ceux qu'il a
plû à nos Moraliſtes d'imaginer, je veux
dire, par un inſtinct preſque auſſi puiſſant,
que celui qui nous excite à veiller à la con-
ſervation de notre être. Il a mis en nous des
affections aſſez fortes pour nous porter aux
actions vertueuſes, & donné à la vertu
une apparence aſſez aimable, pour que
nous puiſſions la diſtinguer du vice & devenir heureux par ſon acquiſition.

PEUT-ETRE trouvera-t'on étrange que j'admette ce sens moral de la beauté des Actions & des Affections, après que nos Moralistes l'ont condamné dans les ouvrages de Milord Shaftsbury, tant ils ont coutume d'attribuer l'estime ou l'aversion qu'on remarque dans les hommes à des vûes intéressées, excepté dans les idées simples qui nous viennent par les sens extérieurs; & tant ils ont de mépris pour les idées innées, avec lesquelles ils s'imaginent que mon sistême a rapport. Mais ce sentiment moral n'a rien de commun avec ces dernieres, ainsi que je le prouverai dans le second traité.

LES personnes qui ont du discernement, sçavent assez jusqu'à quel point les sentimens & les goûts varient en fait de Béauté, d'Harmonie, de Peinture & de Poësie. Pourquoi donc ne trouveroit-on pas dans les hommes

un goût pour la Beauté des caracteres &
des Mœurs ? Peut-être reconnoîtroit-on,
en y faisant attention, que la plûpart des
beaux Arts sont propres à plaire à quelques
Facultés naturelles très - différentes de ce
qu'on appelle Raison; je veux dire, aux
sens extérieurs.

C'est peut-être à tort qu'on a supposé dans
le premier Traité une plus grande uniformité
de sentiment dans les hommes au sujet de la
Beauté, qu'il ne paroît y en avoir en effet.
Mais l'unique chose qu'on se propose, est de
prouver » Que les hommes ont quelque senti-
»ment naturel de la Beauté ; qu'il paroît la
»même uniformité dans le goût qu'ils ont pour
»les objets, que dans leurs sens extérieurs
»que l'on convient être tout à fait naturels ;
»& que le Plaisir ou la Douleur, l'A-
»mour ou la Haine, sont naturellement

》attachés aux perceptions qu'on en a. « Si le Lecteur peut être une fois persuadé de cette vérité, il ne sera pas difficile de lui faire découvrir un autre sens supérieur à celui-ci, & aussi naturel qui lui fait trouver du plaisir dans les Actions, les Affections & les caracteres : je parle de Sens moral qui fait le sujet du second Traité.

LES occasions d'appercevoir par les sens extérieurs s'offrent à nous dès l'instant de notre naissance, & de-là vient peut-être, que nous les regardons comme naturels, & que nous avons une idée toute contraire des objets qui excitent en nous les sentimens supérieurs de la Beauté & de la Vertu. Ce n'est vrai-semblablement qu'au bout de quelque tems, que les enfans commencent à réfléchir, ou du moins à nous faire connoître qu'ils réflé-

chissent sur les Proportions , les Rapports ,
les Affections , les caractères & les tempéramens , ou qu'ils jugent des actions qui les
manifestent. De-là vient que nous nous per-
suadons que le sentiment qu'ils ont de la
Beauté , ainsi que le Sens moral qu'ils
ont des Actions , vient uniquement de l'instruction & de l'éducation qu'on leur a donnée ; au lieu qu'il est aisé de concevoir,
comment un caractère , un tempéramment ,
dès qu'il se manifeste , peut devenir
l'occasion nécessaire du plaisir ou de la douleur que nous ressentons ; ou un objet aussi
capable de mériter notre estime , qu'une
saveur , ou un son , quoique ces derniers
objets s'offrent à nous plutôt que les autres.

Le premier essai de cet Ouvrage a été
reçu avec tant d'applaudissement , qu'on ne

croit point offenser ceux qui s'intéressent à la mémoire du Vicomte de Molesworth, en apprenant au Lecteur, que c'est de lui dont il est parlé dans la Préface de la premiere Edition, & que ce n'est qu'à son approbation, qu'il doit cet accueil favorable. C'est de lui que vient l'objection, qu'on trouvera dans le premier Traité, * outre plusieurs autres remarques, que j'ai puisées dans les fréquens entretiens dont il m'honoroit, & qui donnent à cet Ouvrage une perfection, qu'il n'avoit point au sortir de mes mains. Les politesses dont il m'a comblé, le plaisir que j'ai goûté dans le commerce que j'ai eu avec lui, & les lumières dont je lui suis redevable, excitent en moi une reconnois- sance qui ne finira qu'avec ma vie. Mais

* Voyez Sect. V. art. 8. dernier Paragraphe.

Ni ces gémissemens, ni ces rares tranf-
    ports,
Ne touchent point la cendre insensible
    des morts.

Je dois à *M. Edouard Syng* , non-seule-
ment une révision dont mon Ouvrage ne
pouvoit se passer ; mais encore plusieurs cor-
rections dans mon sistême général de Morale.
Mes éloges ne peuvent rien ajouter à la
réputation qu'il s'est acquise par sa vertu, sa
pieté & son éloquence : je ne le loue ici , que
pour me mettre à couvert du reproche d'in-
gratitude que mon silence, sur son sujet , m'eût
attiré de la part de ceux qui le connoif-
fent. J'ai d'autant plus lieu d'être satisfait
de la justesse de mes pensées , qu'elles sont
conformes à celles que ce Sçavant homme
avoit mises au jour long-tems avant que je
publiasse les miennes.

Les écrits de Lord Shaftsbury portent leur recommandation avec eux, & seront estimés, tant qu'il y aura des hommes capables de réfléchir. Il seroit seulement à souhaiter, qu'il en eût banni certaines idées contraires à la Religion Chrétienne, qui seule nous donne de véritables idées de la vertu, & qui recommande l'amour de Dieu & du prochain comme la base de toute véritable Religion. Combien cet ingénieux Ecrivain n'eût-il pas été indigné contre ces hommes qui ne trouvent de bonheur que dans la jouissance des plaisirs les plus vils, & qui ne cherchent dans ses Ouvrages que de quoi s'autoriser dans leur débauche, quoique la bassesse de leur esprit les rende incapables de goûter ces sentimens de vertu & d'honneur qu'il a mis dans un si beau jour.

Je ne suis point assez présomptueux pour

me flatter de n'avoir laiſſé échaper aucune faute dans cet Ouvrage : mais j'oſe me promettre qu'on n'y trouvera rien de contraire à la Religion ni aux bonnes mœurs. Je ſerai même charmé de donner occaſion aux Sçavans d'examiner plus à fond une matiére, que je crois être de la derniére importance. La perſuaſion dans laquelle je ſuis de la juſteſſe de mes penſées, eſt principalement fondée ſur le mérite des Auteurs de l'Antiquité, chez qui je les ai puiſées, & dont les ſentimens ſont tout à fait conformes aux miens.

On doit les changemens qui ont été faits dans cette Édition, aux objections des Sçavans contre quelques principes contenus dans cet Ouvrage. On a corrigé quelques expreſſions impropres, dont l'Auteur s'étoit ſervi, & éclairci pluſieurs raiſonnemens. Mais les raiſons dont on s'eft fervi pour combattre fon fiftême, ne lui ont point femblé affez fortes, pour devoir le faire renoncer à fes principes. On n'a fait d'autres additions à cet Ouvrage, que celle qui fe trouve dans la feconde fection du fecond Traité, ainfi que dans la premiere de l'Effai fur les Paffions.

On a répondu aux objections de plufieurs Auteurs contre ce fiftême ; & rejetté quelques termes Mathématiques, qu'on a jugés inutiles, & capables de rebuter le Lecteur.

RECHERCHES
SUR L'ORIGINE
DE NOS IDÉES.

I. TRAITÉ.
De la Beauté, de l'Ordre, de l'Harmonie, & du Dessein.

I. SECTION.
De quelques Facultés d'appercevoir différentes de ce qu'on appelle communément Sensation.

L me paroît absolument nécessaire pour mettre le Lecteur au fait de ce qui suit, de lui rappeller quelques définitions & observations,

A

dont tout le monde convient unanime-
ment, ou dont la certitude eſt ſuffiſam-
ment établie par pluſieurs Auteurs tant
anciens que modernes. Elles regardent
celles de nos perceptions, qu'on appelle
Senſations, & les actes de l'eſprit qui en
dépendent.

De la Senſation.

I. On entend par *Senſation*, les idées
que la préſence des objets extérieurs excite dans notre ame, ainſi que les diverſes
maniéres, dont ils agiſſent ſur nos ſens.
On obſerve, que l'eſprit eſt purement
paſſif dans ces ſortes de cas, & qu'il ne
peut s'empêcher d'avoir la perception,
ou l'idée dont nous parlons, ni la varier
lorſqu'elle ſe préſente, tant que notre
corps eſt à portée d'être affecté par l'objet
extérieur.

De la différence des Sens.

II. Lorsque deux Perceptions font entiérement différentes l'une de l'autre, ou ne conviennent que dans l'idée générale, que nous avons de la *Senfation*, nous appellons les Facultés de recevoir ces Perceptions différentes *fens différents*. Par exemple, *Voir* & *Ouir* dénotent les facultés différentes de recevoir les idées des couleurs & des fons. Et quoique les couleurs ne différent pas moins entr'elles, que les fons, on trouve cependant plus de conformité entre les couleurs les plus oppofées, qu'entre quelque couleur & quelque fon que ce puiffe être. De là vient, que nous regardons toutes les couleurs en général, comme des Perceptions du même fens. Chaque fens paroît avoir fon organe diftinct, fi l'on en excepte celui du Toucher, qui eſt en quelque ſorte répandu par tout le corps.

En quoi conſiſte l'action de l'Eſprit.

III. L'eſprit a la faculté de compoſer les idées qu'il a reçues ſéparément ; de comparer les objets, par le moyen de ces idées ; d'obſerver leurs *Relations* & leurs *Rapports* ; d'augmenter & de diminuer ſes idées, ſelon qu'il le juge à propos, ou dans un certain rapport ou dégré ; & de conſidérer ſéparément chacune de ces idées ſimples, quoiqu'elles puiſſent avoir été reçues conjointement par les voies de la Senſation. C'eſt ce qu'on nomme communément *Abſtraction.*

Des Subſtances.

IV. Les idées des Subſtances ſont compoſées de pluſieurs idées ſimples, qui ſe ſont préſentées toutes enſemble à nos ſens.

Il suffit pour définir les Substances, de faire le dénombrement de ces idées sensibles. Ces sortes de définitions peuvent même exciter une idée assez claire de la substance qu'on définit, dans l'esprit de celui qui ne l'a jamais apperçue immédiatement, pourvû qu'il ait reçu séparément par les sens toutes les idées simples, qui composent l'idée complexe de la substance définie. Que s'il n'a point reçu quelques-unes de ces idées simples, ou s'il est privé de quelqu'un des sens nécessaires pour leur perception, il n'y a point de définition capable d'exciter dans son esprit une idée simple, qu'il n'a jamais apperçue par les sens.

De l'Éducation & de l'Instruction.

V. Il suit de ce que je viens de dire, que lorsque l'instruction, l'éducation ou

A iij

le préjugé font naître en nous du defir
ou de l'averfion pour un objet, ce defir
ou cette averfion doit être fondée fur l'opinion de quelque perfection ou de quelque
défaut dans les *Qualités*, pour la perception
defquelles nous avons les fens néceffaires.
Par exemple, lorfqu'un homme privé de
la vûe a de l'inclination pour ce que nous
appellons *Beauté*, ce defir doit néceffairement être excité en lui par quelque régularité de la figure, par certaine douceur de la voix, certaine délicateffe au
toucher, ou par quelqu'autre qualité fenfible, qui n'ait aucune relation à l'idée
qu'on peut avoir de la *couleur*.

Du Plaifir & de la Douleur.

VI. Plufieurs des perceptions qui nous
viennent par le canal des fens, font agréables ou défagréables immédiatement &

par elles-mêmes, fans que nous connoif-
fions la caufe qui produit ce plaifir ou
cette douleur, fans que nous fçachions de
quelle maniére l'une & l'autre font excités
par les objets, fans même que nous foyons
inftruits des avantages ou des incommodités, qui peuvent nous revenir de l'ufage
de ces fortes d'objets. La connoiffance
même la plus parfaite de ces chofes ne
fçauroit apporter aucune différence au
plaifir ou à la douleur qui accompagne ces
perceptions : elle peut feulement produire
un plaifir fpirituel différent du plaifir fenfible ; ou faire naître une joie diftincte, à
la vûe des avantages que cet objet eft capable de nous procurer, ou une averfion
fondée fur la crainte du mal qu'il peut
nous caufer.

De la différence des idées.

VII. On a tout lieu de croire, que les

idées simples qu'un même objet excite dans plusieurs personnes, sont différentes, lorsqu'elles ne les approuvent pas toutes également, ou lorsque dans un tems elles pensent à leur sujet tout autrement, que dans un autre. C'est ce dont il est aisé de s'appercevoir en réfléchissant sur les objets qui nous ont plû autrefois, & pour lesquels nous n'avons plus que de l'aversion : on trouvera, que la présence de ces objets est toujours accompagnée de quelqu'idée désagréable. C'est ce qui arrive à l'égard du vin, dans lequel on a pris de l'émétique. L'aversion que l'on conçoit pour cette liqueur, ne vient que de ce que l'idée agréable qu'elle excitoit autrefois, est altérée par l'idée fâcheuse, que le souvenir de ses effets réveille en nous. Ce changement d'idées peut aussi procéder insensiblement de celui que souffre le corps à mesure que nous avançons en âge, ou de ce que nous sommes accoûtumés à un objet. Il n'en faut pas davantage, pour nous rendre indifférens pour des mets, que nous aimions passionnément étant jeunes, & pour bannir les idées désagréables, que certains objets ont excitées en nous la premiére fois que nous les avons vûs. Plusieurs de nos perceptions simples ne deviennent désagréables, que par la trop forte impression qu'elles font sur nous. Ainsi la lumiére elle-même, quoique le plus charmant de tous les objets sensibles, nous incommode beaucoup, lorsqu'elle frappe nos yeux avec trop de vivacité, & au-delà d'une certaine proportion. L'amertume qui dans un certain dégré nous est quelquefois fort agréable, portée à un dégré plus fort, peut nous causer beaucoup de dégoût. Le changement

qui furvient dans nos organes, doit néceffairement en apporter dans l'*intenfion*
de la perception, & qui plus eft, occafion-
ner quelquefois une perception toute contraire. Par exemple, une perfonne qui a
les mains extrêmement chaudes, trouvera froide l'eau qu'une autre perfonne
qui a froid aux mains, trouve chaude.

Peut-être aurons nous plus de difficulté
à expliquer la diverfité de nos goûts touchant les *idées plus complexes* des objets,
dans lefquelles nous découvrons un grand
nombre d'idées différentes à la fois. Telles
font certaines perceptions, du nombre de
celles que M. Locke appelle *premiéres* &
fecondes qualités ; par exemple, les différents goûts que nous avons au fujet de
l'Architecture, du Jardinage, des Modes,
&c. Je parlerai des deux premiéres dans
la Section VI. A l'égard de l'habillement ;

on peut en général expliquer la diverſité
des goûts ſur ce ſujet par la même liaiſon
d'idées. Ainſi il ſuffit que le goût pour
les couleurs brillantes paſſe dans l'opinion
de nos amis ou de nos compatriotes pour
une marque de legéreté, ou de quelqu'autre défaut d'eſprit; qu'une certaine couleur, une certaine mode ne ſoit en uſage
que parmi des gens groſſiers, ou de baſſe
naiſſance, pour que la vûe de l'une ou
de l'autre réveille en nous ces idées ac-
ceſſoires, & nous faſſe mépriſer ceux qui
en uſent, quoique la couleur ou la forme
de l'habillement n'ait rien de déſagréable
en elle-même, & plaiſe même à ceux qui
n'y attachent point de pareilles idées. Mais
je ne vois rien, qui doive nous obliger à
admettre une telle diverſité dans l'eſprit
des hommes; de façon que la même idée
ſimple, ou perception, qui plaît à l'un,

déplaise à l'autre, ou plaise & déplaise à la même personne en différens tems. Car il paroît contradictoire, que la même idée simple produise cet effet.

Des Idées complexes.

VIII. Plusieurs Philosophes semblent n'estimer d'autre plaisir, que celui qui accompagne les idées simples, qui nous viennent par les voies de la sensation. Cependant on trouve des plaisirs beaucoup plus sensibles dans les idées complexes, qui sont excitées en nous par l'impression des objets extérieurs sur nos sens, & auxquelles on donne les noms de *belles*, de *régulières* & d'*harmonieuses*. Par exemple, il n'y a personne, qui ne soit plus flatté de la vûe d'un beau visage, ou d'un beau tableau, que de la couleur la plus vive & la plus brillante, & qui ne prenne généralement plus de plaisir à voir le soleil fortir du fein des nuages & colorer leurs bords, un ciel bien étoilé, un païfage varié & un bâtiment bien régulier, qu'à confidérer la couleur bleue du firmament, une mer calme, ou une plaine fpacieufe, qui ne fera point diverfifiée par des bois, des montagnes, des riviéres & des édifices. Cependant ces dernieres apparences ne font pas même abfolument fimples. De même le plaifir qu'on prend à entendre une piéce de mufique, où les régles les plus exactes de la compofition font obfervées, eft incomparablement plus grand, que celui qui peut réfulter d'un ton fimple, quelque doux, quelque plein & quelque enflé qu'il foit.

De la Beauté & de l'Harmonie.

IX. On doit fe fouvenir une fois pour

toutes, que dans le cours de cet Ouvrage, le mot de *Beauté* est toujours pris pour l'idée, que cette qualité excite en nous ; & le sentiment que nous avons de la Beauté, pour la faculté qui est en nous, de recevoir cette idée. De même, nous employons le terme d'*Harmonie*, pour désigner les idées agréables qui naissent de la composition des sons ; & celui de *Délicatesse d'oreille*, pour signifier la faculté que nous avons, de sentir ce plaisir. Nous tâcherons dans les Sections suivantes de découvrir la cause immédiate de ces idées agréables, ou la qualité réelle, que les objets doivent avoir pour les exciter.

Du sentiment intérieur.

X. Peu importe que nous appellions les idées que nous avons de la Beauté & de l'Harmonie Perceptions des sens

exterieurs de la Vûe & de l'Ouie.
J'aime cependant mieux nommer *Senti-*
ment intérieur, la Faculté qui nous a été
donnée d'appercevoir ces idées, ne fût-ce
que pour la distinguer des autres sensations, qui appartiennent également à la
vûe & à l'ouie, & que les hommes peuvent avoir, sans aucune perception de la
Beauté & de l'Harmonie. L'expérience
nous apprend, que la plûpart des hommes
ont les sens de la vûe & de l'ouie assez
parfaits, à prendre ce terme dans sa signification ordinaire. Ils apperçoivent diftinctement toutes les idées simples, ils
sont sensibles au plaisir qu'elles excitent,
ils les distinguent aussi facilement, qu'ils
distinguent deux couleurs tout-à-fait différentes, ou dont l'une est plus forte & plus
foncée, lorsqu'elles sont placées à côté
l'une de l'autre, quoiqu'il leur arrive

fouvent de confondre leurs noms , ce qui n'eft pas rare à l'égard du verd & du bleu. Ils peuvent très-bien diftinguer auffi les différens tons par les termes de *haut*, de *bas*, de *grave* & d'*aigu*, difcerner la longueur, la largeur & l'étendue d'une ligne, d'un angle & d'une furface, voir & entendre de loin auffi parfaitement que qui que ce foit, fans prendre pourtant le même plaifir que plufieurs autres à la Mufique, à la Peinture, à l'Architecture, & à un Païfage naturel, ou même fans y en trouver du tout. Cette plus grande capacité de recevoir ces idées agréables, eft ce que nous appellons *Génie*, ou *Goût délicat*. Il femble qu'on foit univerfelle-ment convenu de reconnoître dans la Mu-fique une efpéce de fentiment diftinct de celui de l'ouie, que l'on appelle *Délica-teffe d'oreille*, & peut-être admettroit-on de même

même une semblable distinction dans les autres objets, si l'usage avoit établi des noms, pour exprimer ces différentes es-péces de perceptions.

En quoi il diffère de l'extérieur.

XI. On croit assez communément, que les Animaux sont doués des mêmes per-ceptions que nous, quant aux sens exté-rieurs : on soutient même, qu'il y en a, en qui elles sont plus vives. Mais il en est peu, & même point, qui possédent cette faculté d'appercevoir, que nous nommons *Sentiment intérieur ;* ou si elle existe dans quelques-uns, elle est certai-nement bien inférieure à celle qu'on re-marque dans l'homme.

Une autre raison pourroit peut être nous obliger encore à appeller cette faculté d'ap-percevoir les idées, que la Beauté excite en nous, *Sentiment intérieur*. C'eſt que dans quelques autres Perceptions, où nos ſens extérieurs ont très-peu de part, nous découvrons une eſpéce de beauté fort approchante de celle, qui ſe trouve dans les objets ſenſibles, & qui eſt accompagnée du même plaiſir. Telle eſt la *Beauté* qu'on apperçoit dans les *Théorémes*, dans les vérités univerſelles, dans les cauſes générales, & dans quelques principes applicables à un grand nombre d'objets.

XII. Conſidérons d'abord qu'il eſt poſſible, qu'un Etre ait la faculté de recevoir les mêmes idées que nous par les voies de la ſenſation, au point d'appercevoir comme nous la différence des couleurs, des lignes & des ſurfaces, ſans que cependant il puiſſe les comparer enſemble, ni diſtinguer les rapports qu'elles ont entr'elles. Il peut ſe faire encore que cet Etre ſoit capable de

ce diſcernement, ſans goûter le plaiſir qui
accompagne ces ſortes de Perceptions.
L'idée ſimple de la forme eſt tout-à-fait
diſtincte du plaiſir qu'elle procure. C'eſt
ce qui paroît par les goûts différens des
hommes pour la beauté des formes, quoiqu'ils ayent les mêmes idées des premiéres
& des ſecondes qualités. La *Similitude*, la
Proportion, l'*Analogie*, ou l'*Egalité de
proportion*, ſont des objets de l'entendement, dont la connoiſſance doit néceſſairement précéder celle des cauſes naturelles de nos plaiſirs. Mais peut être le plaiſir
n'eſt-il pas néceſſairement lié avec leur
Perception : peut-être eſt-il poſſible de le
ſentir dans les choſes, dont on ignore la proportion, & de ne le point goûter dans celles
où cette proportion eſt le mieux obſervée.
Puis donc qu'il y a tant de facultés différentes d'appercevoir, qui ne ſont en rien

distinguées des sens extérieurs ; puisque la connoissance la plus parfaite de ce que nous découvrons par les sens extérieurs peut souvent ne point produire le même plaisir, qu'une personne de bon goût, & qui a d'ailleurs moins de connoissances, trouve dans la Beauté ou dans l'Harmonie ; on peut avec raison désigner par un autre nom ces Perceptions plus subtiles & plus agréables, qui proviennent de ces deux qualités, & appeller la faculté que nous avons de recevoir ces sortes d'impressions, *Sentiment intérieur*. La différence qu'on remarque entre les Perceptions, suffit pour autoriser l'usage d'un nom différent, surtout lorsqu'on a soin d'en fixer la signification.

Ses plaisirs nécessaires & immédiats.

C'est à juste titre, qu'on donne le nom de *Sens* à cette faculté supérieure d'appercevoir, puiſque ſemblable aux autres ſens, elle procure un plaiſir tout à fait différent de celui qui provient de la connoiſſance des Principes, des Propor- tions, des cauſes ou de l'uſage des objets. La Beauté nous frappe dès la premiére vûe ; & la connoiſſance la plus parfaite ne ſçauroit ajoûter à ce plaiſir. Elle peut ſeulement, ou y en joindre un ſecond fondé ſur la raiſon, & qui provient de la vûe de quelqu'avantage ; ou produire en nous cette eſpéce de joie intérieure que nous ſentons, en voyant augmenter nos connoiſſances *.

XIII. Au reſte les idées que la Beauté & l'Harmonie excitent dans notre ame, nous plaiſent néceſſairement & immédia- tement, de même que les autres idées ſenſibles. Il n'y a ni réſolution de notre

* Voyez l'Article 6.

part, ni aucune vûe de profit ou de dommage, qui puiſſe altérer la beauté ou la laideur d'un objet. Car comme dans les ſenſations extérieures, aucune vûe d'intérêt ne peut nous faire trouver un objet agréable, & qu'aucune crainte d'un mal diſtingué de la douleur qui accompagne immédiatement la perception, ne ſçauroit nous le faire haïr : de même quelque récompenſe & quelque châtiment qu'on propoſe aux hommes, on ne viendra jamais à bout de leur faire aimer un objet hideux, ou de leur en faire éviter un qui leur plaiſe. On peut bien les forcer par là à diſſimuler leurs ſentimens, à fuir l'un, & à rechercher l'autre en apparence : mais on n'empêchera jamais que les ſentimens & les perceptions qu'ils ont des objets, ne ſoient toujours eſſentiellement les mêmes.

*Ce fentiment eft antérieur à l'intérêt qu'on fe
propofe, & en eft tout à fait diftinct.*

XIV. Il fuit évidemment de ce qui
précéde, que certains objets font la caufe immédiate du plaifir, que la Beauté
produit en nous ; que nos fens font capables de l'appercevoir ; & qu'il eft tout à
fait diftinct de cette joie, que nous fentons à la vûe de quelqu'avantage. Au
refte combien de fois ne nous arrive-t-il
pas, de négliger ce qui eft utile & convenable, pour obtenir ce qui eft beau,
fans nous propofer d'autre avantage dans
cette pourfuite, que le plaifir qui accompagne les idées, que l'objet excite en
nous ? Cela prouve, que quoique nous
puiffions rechercher ce qui eft beau par
amour propre, & dans la feule vûe de nous
procurer des plaifirs qui nous flattent,

B iiij

ainfi qu'il arrive à l'égard de l'Architecture, du Jardinage, & de plufieurs
autres objets femblables, il ne laiffe pas
d'y avoir un fentiment de Beauté antérieur à la confidération de ces avantages,
fans lequel ces objets ne nous paroîtroient
point fi avantageux, & ne feroient pas
capables d'exciter en nous le plaifir, qui
nous les fait juger tels. Le *fentiment* que
la beauté des objets excite dans notre ame,
& qui nous les fait regarder comme avantageux, eft fort différent du defir que
nous avons de les poffléder. Ce defir que
nous fentons de poffléder ce qui eft beau,
peut être contrebalancé par les récom-
penfes & les châtimens, mais les uns ni
les autres n'auront jamais de pouvoir fur
le *fentiment* que nous en avons. Ainfi la
crainte de la mort peut bien nous faire
rechercher un breuvage amer, & fuir des

mets qui flattent notre goût : mais elle ne nous fera jamais trouver ce breuvage gracieux, ni ces mets défagreables, à moins que les uns & les autres n'ayent été tels auparavant. On peut en dire au-tant du fentiment, que nous avons de la Beauté & de l'Harmonie. Car il ne s'en-fuit pas de ce que nous négligeons fou-vent la pourfuite de ces fortes d'objets par intérêt, par pareffe, & par tel autre motif femblable, que nous n'ayons au-cune idée de la Beauté; cela prouve feu-lement, que le defir qui nous y porte, eft contrebalancé par un autre defir plus fort.

XV. Si nous n'avions point en nous ce fentiment de la Beauté & de l'Harmonie, nous trouverions peut-être les édifices, les jardins, les habits & les équipages convenables, utiles, chauds ou commodes:

mais jamais nous ne les regarderions comme *beaux*. Il eſt cependant certain, que
ces objets nous plaiſent en pluſieurs oc-
caſions ſous différents points de vûe. Ce
qui nous affecte le plus dans le viſage
d'une perſonne, ce ſont les traits qui
nous annoncent ſes diſpoſitions morales.
Malgré cela quelque convaincus que nous
puiſſions être de ces diſpoſitions par la
plus longue habitude, nous ne ſçaurions
nous empêcher de trouver ſa vûe déplai-
ſante, ſi elle a le viſage difforme, & de
voir au contraire avec plaiſir ceux qui
ont une figure plus revenante. La coutume, l'éducation ni l'exemple ne nous
donneront jamais des Perceptions différentes de celles, que nous avons reçues
par le canal des ſens, dont nous avions
auparavant l'uſage; jamais elles ne nous
feront aimer les objets, qu'autant qu'ils

nous paroiſſent agréables *. Nous parlerons dans la ſuite ** de l'influence, que la coutume, l'éducation & l'exemple ont ſur le ſentiment, que nous avons de la Beauté.

La Beauté eſt ou Originelle, ou Comparative.

XVI. La Beauté qu'on remarque dans les formes corporelles, eſt *Originelle* ou *Comparative ;* ou ſi on l'aime mieux, *Abſolue* ou *Relative.* Il faut ſeulement obſerver, que lorſqu'on ſe ſert des termes d'*Abſolue* ou d'*Originelle*, on ne prétend point par-là qu'il y ait dans l'objet quelque qualité, qui le rende beau par lui-même, ſans aucune rélation à l'eſprit qui l'apperçoit. Car le terme de Beauté, ainſi que les autres dont on uſe pour déſigner les idées ſenſibles, dénote proprement la

* Voyez Article 5.
** Sect. VII.

faculté d'appercevoir, qu'ont certaines perfonnes : de même que ceux de *froid*, de *chaud*, de *doux* & d'*amer* dénotent certaines fenfations dans notre efprit, qui ne reffemblent peut être en rien aux objets, qui excitent en nous ces idées, quoiqu'ordinairement on s'imagine le contraire. Les idées de la Beauté & de l'Harmonie étant excitées par la Perception de quelque *Qualité première*, & ayant rapport à la figure & aux tems, peuvent reffembler davantage aux objets, que ces autres Senfations, qui font moins l'image des objets, que des modifications de l'efprit qui les apperçoit. Cependant je ne conçois point, qu'on pût donner à aucun objet l'épithéte de beau, fi l'efprit n'avoit en lui l'idée de la Beauté. On entend donc par Beauté abfolue *, cette beauté que

* Cette divifion de la Beauté eft tirée des

nous appercevons dans les objets, fans les comparer à rien d'extérieur, dont l'objet puiffe être regardé comme l'image, ou la copie. Telle eft celle qu'on apperçoit dans les ouvrages de la nature, dans les formes artificielles, & dans les figures. La Beauté *Comparative* ou *Relative*, eft celle qu'on découvre dans les objets confidérés communément comme des *imitations* ou des *images* de quelqu'autre chofe. Ces deux fortes de Beauté feront le fujet des trois Sections fuivantes.

différens fondemens du plaifir, que fon fentiment excite en nous, plûtôt que des objets mêmes. Car la plûpart des exemples que nous donnons de la Beauté relative, renferment auffi une Beauté abfolue; de même qu'un grand nombre de ceux que nous rapportons de la Beauté abfolue, en ont auffi une relative à quelque égard. Mais on doit confidérer féparément ces deux fources du plaifir; fçavoir, l'Uniformité de l'objet, & la reffemblance qu'il a avec fon Original.

Section II.

De la Beauté Originelle ou Absolue.

Du sentiment des hommes.

I. PUISQU'IL est certain, que nous avons des idées de la Beauté & de l'Harmonie, examinons quelle doit être la qualité des objets, pour les exciter ou les occasionner. Il faut observer d'abord, que notre recherche ne roule que sur les qualités, qui paroissent belles aux hommes, ou sur l'origine du sentiment qu'ils ont de la beauté. Car la Beauté, comme on l'a vû plus haut, est toujours relative au sentiment que chacun en a; & lorsque nous montrons plus bas en quoi consiste en général la Beauté des objets qui s'offrent à nos yeux, nous suppofons que ces fortes d'objets font conformes au fentiment, que les hommes en ont. Car il eft des objets, qui fans paroître beaux à certaines perfonnes, ne laiffent pas de plaire infiniment à quelques animaux ; ce qui vient peut-être, de ce que leurs fens font autrement difpofés que les nôtres, ou de ce que les objets qui excitent en eux l'idée de la Beauté, ont une forme toute différente. Auffi voyons-nous des animaux fe plaire en toutes fortes de lieux. Il peut fe faire de même, que ce qui paroît aux hommes groffier, informe ou dégoûtant, leur faffe un plaifir infini.

II. Pour pouvoir découvrir plus diftinctement le fondement, ou la caufe générale des idées que nous avons de la Beauté, il eft néceffaire de la confidérer d'abord dans fes efpéces les plus fimples, telle qu'elle fe préfente à nous dans les figures réguliéres. Peut-être trouverons-nous, que toutes fes efpéces les plus complexes ont la même origine.

De l'Uniformité & de la Varieté jointes enfemble.

III. Il femble que les figures les plus propres à exciter en nous l'idée de la Beauté, font celles dans lefquelles l'*Uniformité* fe trouve jointe à la *Varieté*. Nous nous formons un grand nombre d'idées des objets qui nous plaifent, par d'autres endroits. Telles font celles de *Grandeur*, de *Nouveauté*, de *Sainteté*, & quelques autres, dont nous parlerons dans la fuite *. Mais ce que nous appellons *Beauté* dans les objets, à parler mathématiquement, paroît être en raifon compofée de l'*Uniformité* &

* Voyez Sect. VI, Art. 11. 12. 13.

de

de la *Varieté*: de sorte que là où l'*Uniformité*
des corps est égale, la beauté s'y découvre
à proportion de la *Varieté*, & *visce versâ*.
Ceci s'éclaircira par des exemples.

De la Varieté.

Je dis en premier lieu, que la Beauté
augmente à proportion de la *Varieté*,
l'Uniformité demeurant la même. La
beauté d'un Triangle équilatéral, par
exemple, est moindre que celle d'un Carré; celle d'un Carré moindre que celle
d'un Pentagone, & celle de cette derniere figure moindre que celle d'un Exagone. Il est vrai que lorsque le nombre
des côtés augmente considérablement, la
proportion qu'ils ont avec le Rayon ou
Diamétre de la figure ou du Cercle, auquel les Polygones ont un rapport sensible,
échappe tellement à nos observations, que
la beauté n'augmente pas toujours avec le

nombre des côtés. Il peut même arriver, que le défaut de parallélisme dans les côtés des *Eptagones*, & des autres figures dont le nombre des côtés est impair, diminue leur beauté. Ainsi dans les *Solides*, l'*Icofaëdre* surpasse en beauté le Dodécaëdre, & celui-ci l'*Octaëdre*, qui est beaucoup plus beau que le *Cube*, dont la beauté est supérieure à son tour à celle de la Pyramide réguliére. Cela vient, de ce que la *Varieté* est plus grande dans les uns que dans les autres, l'*Uniformité* demeurant cependant la même.

De l'Uniformité.

La *Beauté* augmente à proportion de l'*Uniformité*, quoique la *Varieté* demeure la même, dans les exemples suivans. Un *Triangle équilatéral*, ou même *Ifocele*, est plus beau que le *Scalene*; le *Carré* plus que le *Rhombe*, ou *Losange* ; & celui-ci plus que le *Rhomboïde*, qui à son tour l'est beaucoup plus que le *Trapeze*, ou telle autre figure, dont les côtés sont courbes & irréguliers. De même les Solides réguliers surpassent en beauté tous les autres Solides composés d'un nombre égal de surfaces planes. On observe la même chose, non seulement dans les cinq corps réguliers, mais encore dans tous ceux qui ont quelque *Uniformité* considérable, comme les *Cylindres*, les *Prismes*, les *Pyramides*, les *Obélisques*, &c, qui plaisent beaucoup plus à l'œil qu'aucune figure irréguliére, dont les parties n'ont aucune ressemblance entr'elles.

De la Raison composée.

Nous avons des exemples de la *Raison composée*, dans la comparaison des *Cercles*.

ou des *Sphéres*, avec les *Ellipfes* ou *Sphéroïdes*, dont l'excentricité eft peu confidérable ; auffi bien que dans celle de l'*Exoctaëdre* & de l'*Icofidodecaëdre*, avec les figures réguliéres dont ils font compofés. On remarque même, que le défaut de cette *Uniformité* parfaite qui fe rencontre dans les unes, eft compenfé par la Varieté qui régne dans les autres ; ce qui rend leur beauté à peu près égale.

IV. Ces obfervations font vraies pour la plûpart, & peuvent être confirmées par le jugement des enfans touchant les figures les plus fimples, dont la *Varieté* eft proportionnée à leur intelligence. Quelqu'incertains que puiffent paroître quelques-uns des exemples que je viens d'alléguer, on ne laiffe pas d'obferver tous les jours, que les enfans recherchent avec ardeur toutes les figures réguliéres dans leurs

petits divertiſſemens, quoiqu'ils n'en re-
tirent pas plus d'utilité, que des cailloux
ordinaires. Ils manifeſtent de bonne heure
le goût ou le ſentiment qu'ils ont de la
Beauté, par l'empreſſement qu'ils marquent
de voir les édifices, les jardins réguliers,
lors même qu'ils ne ſont repréſentés qu'en
peinture.

De la Beauté naturelle.

V. L'idée que nous avons de la *Beauté*
qui régne dans les ouvrages de la Nature,
a le même fondement. On remarque dans
chacune des parties de l'Univers que nous
appellons *Belles*, une *Uniformité* ſurpre-
nante jointe à une *Varieté* preſque infinie.
Pluſieurs des parties qui le compoſent ne
paroiſſent point avoir été produites pour
l'uſage de l'homme. On peut même dire,
que ce que nous en connoiſſons n'eſt qu'un

point en comparaison de celles qui nous font inconnuës. Les figures & les mouvemens des grands corps ne font point fenfibles à nos yeux ; & ce n'eft qu'à l'aide du raifonnement, de la réflexion, & d'un grand nombre d'obfervations, que nous venons à bout de les découvrir. Cependant autant que nous pouvons les appercevoir par les fens, augmenter nos connoiffances par le moyen du raifonnement, & donner carriére à notre imagination, nous trouvons que leur ftructure, leur ordre & leur mouvement font en général conformes au fentiment que nous avons de la *Beauté*. Il eft vrai, que nous né fçaurions découvrir celle de chaque objet en particulier : mais il y a une beauté répandue avec profufion fur le tout enfemble des objets, que nous découvrons fans peine à l'aide des fens ou du raifonnement.

En effet sans parler de la situation apparente des corps célestes dans la circonférence d'une grande sphére, qui n'est occasionnée que par l'imperfection de notre vûe trop foible pour discerner les distances, on remarque que les figures de tous les grands corps qui existent dans l'univers, sont presque sphériques, les orbites de leurs révolutions elliptiques ; & qu'il y a peu d'excentricité dans ceux que nous avons occasion d'observer tous les jours. Or ces figures sont très-uniformes, & c'est par cet endroit qu'elles nous plaisent.

Je ne parle point encore ici de l'*Uniformité* moins sensible, qui se rencontre dans la proportion de leur quantité de matiére, dans leurs distances, & les tems de leurs révolutions. Mais où peut-on trouver un exemple plus sensible d'une *Uniformité* jointe avec la *Varieté*, que dans l'ordre

C iiij

conſtant que chaque Planéte obſerve dans
ſes révolutions, toujours achevées autour
de ſon axe & du ſoleil dans des tems à peu
près égaux, & à peu près dans le même
orbite, depuis un ſi grand nombre de ſié-
cles? C'eſt ainſi qu'après certains Périodes, toutes les mêmes apparences ſe re-
nouvellent, le jour & la nuit ſe ſuccédant
alternativement autour de chaque Planéte
avec une varieté auſſi réguliére qu'agréable, pendant tout le tems qu'elles régnent
ſur les différens hémiſphéres, ſelon les
différentes ſaiſons de l'année. C'eſt ainſi
que les différentes phaſes, les divers aſ-
pects, & les différentes poſitions des Pla-
nétes les unes à l'égard des autres, leurs
conjonctions & leurs oppoſitions, durant
leſquelles elles s'obſcurciſſent tout à coup
les unes les autres par leurs ombres coni-
ques dans le tems des éclipſes, reviennent

de nouveau dans des périodes fixes, &
avec une uniformité invariable. Ce font
là les beautés, qui charment les Aftronomes, & qui leur font trouver tant de
plaifir dans leurs calculs ennuyeux; l'at-
tachement qu'ils ont pour cette étude,
comme le dit Horace *, les empêchant de
fentir la peine qu'elle leur coûte :

Molliter aufterum ftudio fallente laborem.

De la Terre.

VI. Quant à la portion aride de la furface de notre Globe, dont une grande
partie eft d'une couleur douce & agréable,
combien eft-elle diverfifiée par les différens dégrés de lumiére & d'ombre, que
produifent les montagnes, les vallées, les
collines & les plaines, fuivant qu'elles font
inclinées vers le foleil ?

* Horat. Lib. 2. Sat. 2. V. 12.

VII. Si nous paſſons aux autres ouvrages moins conſidérables de la Nature, quelle *Uniformité* ne remarque-t'on pas dans toutes les eſpéces de Plantes & de Végétaux, ainſi que dans la maniére dont ils croiſſent & ſe perpétuent ? Quelle reſſemblance admirable entre toutes les Plantes de même eſpéce, dont le nombre ſurpaſſe notre imagination ! Cette *Uniformité* régne non ſeulement dans leur forme priſe en général, quoique dans quelques-unes celle-ci ne ſoit pas toujours auſſi exacte, mais encore dans la ſtructure de leurs parties les plus déliées, que l'œil ne ſçauroit découvrir ſans le ſecours du microſcope. Souvent dans le nombre preſque infini de feuilles, de fruits, de fleurs & de ſemences de chaque eſpéce, on remarque l'Uniformité la plus grande par rapport à la ſtructure & à la ſituation de leurs plus petites fibres. C'eſt là cette Beauté qui charme les Botaniſtes. Quelle uniformité & régularité de figure ne régne-t-il pas dans chaque Plante, feuille ou fleur particuliére? Les tiges ou troncs de tous les arbres, & de la plûpart des petites plantes, ſont à peu près cylindriques, ou approchans d'un Priſme régulier. Leurs branches ſemblables à leurs divers troncs naiſſent à des diſtances à peu près égales, lorſque rien ne retarde leur accroiſſement naturel. Dans quelques eſpéces les branches naiſſent par paires, & à l'oppoſite les unes des autres, le plan perpendiculaire de direction de la paire ſupérieure coupant celui de l'inférieure à peu près à angles droits. Dans d'autres, les branches naiſſent ſeules, & alternativement, dans des diſtances preſque égales. On trouve des eſpéces, dont les branches croiſſent toutes en nœud autour du tronc. Toutes les branches de chaque eſpéce forment en pouſſant des angles égaux avec leurs troncs, & ſe diviſent de nouveau en d'autres branches plus petites, qui gardent le même ordre avec elles. Je ne dois point paſſer ſous ſilence cette uniformité de couleurs, qu'on remarque dans toutes les fleurs de la même plante & du même arbre, ſouvent d'une eſpéce entiére; non plus que les différentes nuances, qu'on obſerve dans toutes celles de la même plante, & ſouvent de la même eſpéce.

Des Animaux.

VIII. A l'égard de la beauté des Animaux, elle conſiſte, ſoit dans leur ſtructure intérieure, dont on acquiert la connoiſſance à l'aide de l'expérience & d'une

longue observation, ou dans leur forme
extérieure. Parmi toutes les espéces qui
nous sont connuës, on trouve une uniformité surprenante dans la structure de celles de leurs parties, dont la vie dépend le
plus immédiatement. Peut-on s'empêcher
d'être surpris d'une telle *Unité* de Méchanisme, quand on considére la varieté presque infinie de leurs mouvemens ; leur
maniere de marcher, de courir, de voler
& de nager ; les moyens qu'ils employent
pour se conserver ; les contorsions bisarres
de leurs membres, quand ils sont gais &
dispos : tous mouvemens qui s'exécutent
par une simple contraction de muscle,
laquelle est variée en une infinité de façons
différentes, pour satisfaire à ces fins ? On
auroit pû les obtenir peut-être à l'aide de
plusieurs ressorts : mais l'*Uniformité* eût
été moindre, & la beauté des Animaux

moins frappante, fi on eût banni de leur ſtructure cette *Unité* de Méchaniſme.

IX. L'*Unité* dont nous parlons, eſt très-ſenſible dans les Animaux de même eſpéce. Auſſi eſt-ce cette reſſemblance qui nous les fait ranger par *Claſſe* ou Eſpéces, malgré la variété prodigieuſe qu'on remarque dans la groſſeur, la figure & la couleur de ceux qui portent le même nom. Quoi de plus univerſel, que la beauté qui réſulte dans chaque individu de l'exacte reſſemblance que les membres extérieurs ont les uns avec les autres : reſſemblance qui ne manque jamais d'être la même, lorſqu'aucun accident ne s'oppoſe à l'intention générale de la Nature ? Auſſi voit-on, que ce défaut de reſſemblance ne manque jamais de paſſer pour une imperfection, & un défaut de beauté, quoiqu'il n'en réſulte point d'autre inconvénient ;

comme lorsque les yeux ne font pas exactement femblables, ou lorsqu'un bras ou une jambe eft plus courte ou plus grêle, que fa compagne.

A l'égard de cette efpéce de beauté, qui a tant d'empire fur nous, & qui confifte dans la régularité des traits du vifage, dans l'air, les geftes & les mouvemens du corps, nous montrerons dans le fecond Traité *, qu'elle n'eft fondée que fur quelque *indication* fuppofée des bonnes difpofitions de l'ame. Il y a auffi une beauté naturelle dans le mouvement, qui confifte dans la répétition réguliére & cadencée des mêmes geftes & des mêmes pas, comme dans la danfe réglée.

De la Proportion.

X. On découvre dans les Animaux

* Sect. VI. Art. 3.

une autre beauté, qui réfulte d'une certaine proportion, que les différentes parties ont les unes avec les autres, & qui
ne laiffe pas de plaire aux Spectateurs,
quoiqu'ils ne puiffent la définir avec la même exactitude qu'un Statuaire. Celui-ci
connoît la proportion, que chaque partie
du vifage doit avoir avec le vifage entier,
pour être plus agréable ; celle que la face
doit avoir avec le corps, ou avec quelques-unes de fes parties, ainfi que celle qui
doit régner entre les diamétres & les lon-
gueurs de chaque membre. Lorfque cette
proportion de la tête avec le corps eft
confidérablement altérée, il en réfulte un
Géant, ou un Nain. De là vient, qu'on
peut nous les repréfenter l'un ou l'autre
en mignature, fans aucune relation aux
objets extérieurs, en obfervant de combien le corps excéde la proportion qu'il

doit

doit avoir avec la tête dans le Géant ; & dans le Nain, de combien il lui est inférieur. Il y a aussi une Beauté résultante de la figure, qui indique la force naturelle : mais je la passe sous silence ; parce qu'on peut alléguer avec vraisemblance, que l'approbation que nous donnons à cette figure, est plûtôt fondée sur l'opinion de quelqu'avantage, que sur la forme même.

Nous considérerons sous le titre de *Beauté relative*, ou de *Dessein* *, la beauté qui résulte du méchanisme convenable aux nécessités & aux avantages de quelqu'animal que ce soit ; méchanisme qui nous plaît indépendamment du profit, que nous pouvons en retirer.

Des Oiseaux.

XI. Je ne puis passer sous silence la beauté des Oiseaux, qui naît de la Variété

* Sect. IV, Art. 7.

D

infinie de leurs plumes : efpéces de machines curieufes, qui fervent à plufieurs ufages admirables ; qui gardent une reffemblance confidérable dans toutes les efpéces, & dans celles du même genre une uniformité parfaite dans les parties correfpondantes, & dans les deux côtés de chaque individu. Je ne parle point de la beauté que produit la vivacité des couleurs & le ménagement des ombres, non feulement dans toute l'apparence extérieure de l'Oifeau, mais encore dans chaque plume féparément.

Des Fluides.

XII. Si nos raifonnemens touchant la nature des Fluides étoient juftes, les amas infinis d'eau qu'on découvre dans l'univers, nous fourniroient un exemple d'une uniformité dans la nature qui paffe l'imagination, quand on réfléchit à la multitude prefqu'infinie de petits globules polis, qui exiftent dans toutes les parties de notre Globe. Il y a toute apparence que la même uniformité régne dans les parties des autres Fluides, ainfi que dans plu-fieurs autres corps naturels, tels que les fels, les foufres, &c, dont les proprietés uniformes dépendent vraifemblablement de l'uniformité qui eft obfervée dans les figures de leurs parties.

De l'Harmonie.

XIII. On peut comprendre fous le nom de *Beauté originelle,* l'*Harmonie* ou la *Beauté des fons,* s'il m'eft permis de me fervir de cette expreffion, parce que l'*Harmonie* n'eft pas regardée pour l'ordinaire, comme une imitation d'une chofe qui exifte. L'Har-monie plaît fouvent à ceux même, qui ignorent ce qui l'occafionne, & l'on fçait que le fondement de ce plaifir n'eſt autre chofe, qu'une eſpéce d'*Uniformité*. Lorſque les différentés vibrations d'un ton ſont de même durée que celles d'un autre, il en réſulte une Harmonie agréable ; & l'on donne à ces Notes le nom de *Conſonance*. Par exemple les vibrations de quelque Note que ce ſoit, durent autant que deux vibrations de ſon *Octave*, & deux de la premiere autant que trois de ſa *Quinte*. Il en eſt de même des autres accords. Au reſte une Compoſition ne ſçauroit être harmonieuſe, lorſque la plûpart des Notes ne ſont point diſpoſées ſelon ces proportions naturelles. Il faut encore avoir égard à la *Clef* qui régle le tout, ainſi qu'à la meſure & au goût dans lequel la piéce commence. Car un changement fréquent & ſans art de quelqu'une de ces choſes, produiroit la diſſonance tout à fait déſagréable.

On comprendra fans peine à ce que je viens de dire, fi l'on fait attention à la *Diffonance*, qui réfulteroit des parties de deux différens tons prifes comme un feul, quoiqu'elles foient toutes deux agréables féparément. On remarque la même *uniformité* dans les Baffes, les Tailles & les Deffus du même air.

On obferve cependant que les Diffonances produifent des effets merveilleux dans les Compofitions les plus excellentes. Elles caufent fouvent autant de plaifir que l'Harmonie la plus fuivie, foit en délaffant l'oreille par une agréable varieté, ou en diminuant l'attention ; ce qui fait goûter davantage l'harmonie des accords qui fuivent, de même que les ombres rehauffent & embelliffent les tableaux, ou par quelqu'autre moyen qui nous eft inconnu. Il eft du moins certain, qu'elles ont leur place, & qu'elles produifent quelques bons effets dans nos meilleures Compofitions. On parlera dans la fuite * de quelques-autres proprietés de la Mufique.

XIV. On obfervera dans tous les exemples ** de *Beauté* que j'ai rapportés, que le plaifir qui en réfulte, fe fait fentir à ceux même qui n'ont jamais réfléchi fur ce fondement général, & que tout ce que j'ai allégué fe réduit à ceci : » Que les objets » ne produifent en nous de fenfation agréa- » ble, qu'autant que l'*Uniformité* s'y trouve » jointe avec la *Varieté*. »

On peut avoir une Senfation fans connoître ce qui l'occafionne, de même qu'un

* Sect. VI. Art. 12.

** L'application que je fais du mot de *Beauté* aux fons, n'a rien qui doive furprendre. Les Anciens obfervent, que les fens de la Vûe & de l'Ouie ont cet avantage, que nous difcernons le Καλον dans leurs objets ; ce qu'on ne peut attribuer à ceux des autres fens.

homme peut avoir l'idée de la douceur, de l'acidité & de l'amertume, & ignorer la forme ou le mouvement des petits corps qui excitent en lui ces Perceptions.

SECTION III.

De la Beauté des Théorêmes.

Des Théorêmes.

I. LA Beauté des *Théorêmes* demande une attention d'autant plus particuliére, qu'elle est absolument différente des espéces de Beauté, dont on a parlé jusqu'ici, quoiqu'il n'y en ait aucune, où la *Variété* & l'*Uniformité* se trouvent jointes à un plus haut dégré. Aussi en résulte-t'il un plaisir considérable, & indépendant de tout autre intérêt.

II. On trouve en effet dans chaque Théorême, avec la convenance la plus

exacte, une infinité de vérités particuliéres, souvent même une multitude d'infinis : de sorte que quoique la nécessité de
former des idées abstraites & des Théorêmes universels naisse peut-être des bornes
de notre esprit, qui ne peut admettre une
infinité d'idées singuliéres ou de Jugemens à la fois, cette faculté ne laisse pas
d'être une preuve de la capacité presque
inconcevable de l'esprit humain. Par
exemple, la 45ᵉ. Proposition du premier
Livre d'Euclide contient une multitude
infinie de vérités, touchant la possibilité
des côtés infinis des Triangles Rectangles,
suivant que leur Aire est plus grande, ou
plus petite ; & l'on peut trouver dans chacun de ces côtés une multitude infinie de
Triangles dissimilaires, selon qu'on varie
la proportion qui se rencontre entre la Base & la Perpendiculaire. Or tous ces infinis

font renfermés dans le Théorême général. On trouve dans le calcul Algébri-
que ainſi que dans celui des *Fluxions*, une
ſemblable variété de vérités particuliéres
compriſes dans des Théorêmes généraux,
non ſeulement dans les Equations générales, qu'on peut appliquer à toutes ſortes
de *Quantités* ; mais encore dans les inveſti-
gations plus particuliéres des Aires & des
Tangentes, où une ſeule opération fait
découvrir des *Théorêmes*, qui peuvent
s'appliquer à pluſieurs ordres ou genres de
Courbes, aux côtés infinis de chaque eſpéce, ainſi qu'aux points infinis des *individus* innombrables de chaque coté.

Fondement de leur Beauté.

III. Pour concevoir plus diſtinctement
que cette convenance ou Unité d'une
infinité d'objets dans les Théorêmes généraux eſt la ſource de la *Beauté*, ou du
Plaiſir, qui réſulte de leur découverte, il

suffit de comparer la satisfaction que ces sortes de découvertes procurent, avec l'inquiétude où l'on est, lorsqu'on ne peut mesurer les Lignes ou les Surfaces qu'à l'aide d'une Echelle, ni réduire les expériences qu'on fait à un Principe général, ou *Canon*, & qu'on ne réussit qu'à rassembler une infinité d'Observations particuliéres, qui n'ont aucune liaison entr'elles. Chacune de ces Observations nous fait bien découvrir une nouvelle vérité : mais on n'y trouve ni *Beauté*, ni plaisir, jusqu'à ce qu'on puisse rencontrer quelque espéce d'*Unité*, ou les réduire à un principe général.

Il y a fort peu de Beauté dans les Axiomes.

IV. Prenons pour exemple un Axiome métaphysique, tel que celui-ci : *Le tout est plus grand que sa Partie ;* nous ne trouverons aucune *Beauté* dans sa contemplation.

Car quoique cette Propofition renferme une infinité de vérités particuliéres,
on n'y remarque néanmoins prefque aucune *Unité* , puifqu'elles ne conviennent
toutes que dans la conceffion vague &
indéterminée du *Tout* & de fa *Partie*, &
dans l'excès indéfini du premier fur la
derniere , qui eft tantôt plus grand , &
tantôt plus petit. De même fi l'on nous
dit, que le *Cylindre* eft plus grand que la
Sphere qui lui eft infcrite, & celle-ci plus
grande qu'un *Cone* de même hauteur & de
même diamétre que fa *Bafe* , nous ne
trouverons aucun plaifir dans ce rapport
général de plus grand & de moindre , ou
il n'y a aucune Différence ou Proportion
précife. Au contraire lorfque nous appercevons le Rapport exact , qui fe rencontre
entre tous les côtés poffibles d'un tel
fyftême de Solides , & qu'ils gardent

entr'eux la *Raison* conftante de 3. 2. & 1:
on ne peut fe laffer d'admirer la *Beauté* de
ce *Théorême* , & de recevoir un plaifir
infini de fa découverte.

Théorêmes aifés.

On peut de même obferver , que les
Propofitions aifées , ou *Evidentes* , lors
même que l'*Unité* y eft fuffifamment diftincte & déterminée , ne plaifent point
autant que celles qui ont moins d'évidence , mais dont la découverte eft accompagnée de quelque furprife. Par
exemple , quel plaifir trouve-t'on à découvrir qu'*une ligne qui coupe l'angle du
fommet d'un Triangle ifocèle par le milieu,
divife fa Bafe en deux parties égales , & vice
verfâ* ; ou que les *Triangles Equilatéraux*
font *Equiangles* ? Ces fortes de vérités font
fi évidentes, qu'elles n'ont befoin d'aucune

Démonſtration. Elles reſſemblent aux richeſſes, dont on eſt en poſſeſſion depuis long=tems, qui flattent moins ceux qui en jouiſſent, que ne le feroit l'acquiſition de quelque Bien plus médiocre. On ne doit pourtant pas s'imaginer, que le plaiſir qu'on trouve dans les Théorêmes, ne ſoit fondé que ſur la ſurpriſe. Une expérience ſimple ne nous en plaît pas davantage, pour être nouvelle ; & de ce que nous goûtons une joie infinie dans la jouiſſance d'un bien auquel nous ne nous attendions point, il ne s'enſuit pas que la *Surpriſe,* ou la *Nouveauté,* ſoit le ſeul plaiſir de la vie, ou l'unique fondement de celui que nous goûtons dans la découverte de la *Vérité.* Il eſt dans certains Théorêmes une autre eſpéce de ſurpriſe qui procure un plaiſir ſupérieur à celui que nous trouvons dans d'autres Propoſitions d'une plus

grande étenduë. Elle confifte dans la découverte d'une vérité générale que nous
avions réputée fauffe, pour n'en avoir pas
une notion affez diftincte. Telle eft celle-
ci, que *les Afymptotes s'approchent continuellement de l'Hyperbole, fans jamais la
rencontrer.* Cette joie reffemble à celle que
nous éprouvons, lorfqu'au lieu d'un mal
que nous avions à craindre, nous recevons quelqu'avantage confidérable. Il faut
cependant remarquer qu'aucun Théorême ne fçauroit plaire, lorfque l'*Unité*
de plufieurs circonftances particuliéres
ne fe rencontre point dans le Théorême
général.

Des Corollaires.

V. C'eft encore une *Beauté* dans les
Propofitions, lorfqu'un Théorême eft tel,
qu'on peut en déduire une infinité de

Corollaires. Par exemple, il y a certaines propriétés fondamentales, sur lesquelles on peut bâtir naturellement une longue suite de Théorêmes. Telle est la 35. Proposition du premier Livre d'Euclide. On déduit de cette Proposition la maniére de mesurer toutes sortes de surfaces rectilignes, en les réduisant en des Triangles, qui sont les moitiés d'autant de Parallélogrammes, dont chacun est respectivement égal à autant de *Rectangles* produits par la multiplication de la *Base* par la Perpendiculaire qui mesure leur hauteur. Il en est de même de la 47. Proposition du même Livre, & d'un grand nombre d'autres, qui appartiennent à la Géométrie composée. Ceux qui s'appliquent à l'étude de la Nature trouvent la même Beauté dans quelques Principes généraux, ou *Forces universelles*, d'où découle un

nombre infini d'effets. Telle eſt la Gravi-
tation dans le ſyſtême de M. le Chevalier
Newton. Quel eſt en effet le bus de nos
meilleurs Géométres, ſinon de donner le
plus d'étendue qu'il eſt poſſible aux Théorêmes, & de les rendre applicables à une
infinité de Figures, qui ne ſe reſſemblent
en rien, à en juger par l'apparence?

Il eſt aiſé de voir combien les hommes
ſont charmés de la *Beauté* de ces ſortes de
connoiſſances indépendament de l'utilité
qui peut leur en revenir, par le plaiſir
qu'ils prennent à déduire d'un ſeul principe les propriétés de chaque Figure, & à
démontrer toutes les Méchaniques par un
ſeul Théorême fondé ſur le mouvement
compoſé, lors même qu'ils ſe ſont aſſûrés
de toutes ces vérités par des Démonſtra-
tions diſtinctes & indépendantes. On
jouit même de ce plaiſir, quoiqu'on ne

ſe

se propose d'autre avantage d'une pareille Déduction que celui qu'on trouve dans la contemplation de sa Beauté. L'amour de la réputation ne seroit jamais capable de nous engager à la recherche de ces sortes de méthodes, si nous ne sçavions que les hommes les goûtent immédiatement par le sentiment intérieur qu'ils ont de leur Beauté.

De la Beauté qui n'est fondée que sur le Caprice.

C'est à ce sentiment que nous avons de la *Beauté* qu'on doit attribuer les entreprises absurdes & les soins qu'un grand nombre de personnes se sont données pour la découvrir dans les autres Sciences de même que dans les Mathématiques. C'est-là vraisemblablement l'origine du projet que Descartes avoit formé, de déduire toutes les connoissances humaines de cette seule Proposition : *Cogito, ergò sum ;* je pense, donc

j'exifte : au lieu que d'autres ont préten-
du, que celle-ci : il eft impoffible qu'une
même chofe foit & ne foit pas en même
tems, *impoffibile eft idem fimul effe & non
effe*, méritoit beaucoup mieux le titre de
Premier principe abfolu de la connoiffance humaine. M. Leibnitz n'avoit pas moins
d'affection pour fon Principe favori de
Raifon fuffifante ; & il fe vantoit d'avoir
enrichi par fon moyen le monde intellec-
tuel d'une infinité de connoiffances mer-
veilleufes. Il n'eft pas difficile en jettant
les yeux fur les Sciences particuliéres,
de voir les inconveniens qui réfultent
de cette amour de l'*Uniformité*. Pufen-
dorf n'a-t'il pas bonne grace de vouloir
déduire les différens devoirs de l'homme
par rapport à Dieu, à lui-même & aux autres, de fon principe fondamental de *focia-
bilité* univerfelle ? cette obfervation eft une

forte preuve, que les hommes apperçoivent la *Beauté* qui résulte de l'*Uniformité* dans les Sciences, puisqu'à force de la rechercher avec trop d'ardeur, ils en tirent des conséquences qui ne sont point naturelles.

VI. Ce plaisir qui accompagne les Sciences, ou les Théorêmes universels, peut-être appellé à juste titre une espéce de *sensation*, puisqu'il est inséparable de la découverte de quelque Proposition que ce soit, & distinct de la connoissance simple *. Il est en effet très - violent

---

* Aristote (*Ethic ad Nicom. lib.* 10. *c.* 3.) observe avec raison que nous sommes naturellement portés à certaines actions, ou à l'exercice de certaines Facultés naturelles, indépendamment des plaisirs qui en sont inséparables, & qui peuvent nous en revenir. Περὶ πόλλα σπουδὴν ποιησαίμεθα ἂν, καὶ εἰ μηδεμίαν ἐπιφέροι ἡδονήν, οἷον ὁρᾶν, μνημονεύειν εἰδέναι, τὰς ἀρετὰς ἔχειν. Εἰ δ' ἐξ ἀνάγκης ἕπονται τούτοις ἡδοναὶ οὐδὲν διαφέρει. Ἑλοίμεθα γὰρ ἂν ταῦτα, καὶ εἰ μὴ γένοιτ' ἂν ἀπ' αὐτῶν ἡδονή.

d'abord; au lieu que cette derniére eft uniformément la même. Et quoique la Science donne de l'étendue à l'efprit, & procure en certaines occafions des lumiéres, par le moyen defquelles elle peut auffi nous être avantageufe, il n'y a néanmoins que ceux qui s'appliquent aux Sciences, qui foient capables de décider, fi le plaifir qui accompagne la découverte d'un Théorême, eft indépendant ou non, des avantages qu'on peut en retirer. Ce qu'on peut inférer de ce que j'ai dit, eft que les fenfations agréables qui nous viennent par le canal des Sens externes & internes, naiffent généralement des objets, que la raifon nous auroit rendu recommandables, fi nous avions connu leur ufage, & que nous n'euffions pas manqué de rechercher dans la vûe de notre propre intérêt.

Des Ouvrages de l'Art.

VII. A l'égard des ouvrages de l'Art, qu'on parcoure toutes les différentes inventions qui ont paru jufqu'ici, on trouvera conftamment que leur *Beauté* ne confifte que dans une efpéce d'*Uniformité* ou d'*Unité* de Proportion entre les parties, & de chaque partie au tout. Et comme il eft une infinité de Proportions poffibles, ainfi que de différentes efpéces d'*Uniformité*, on ne doit point être furpris des divers goûts qui régnent dans l'Architecture, le Jardinage & autres femblables Arts chez les différentes Nations, non plus que de l'*Uniformité* qu'on y apperçoit, quoique leurs parties foient quelquefois abfolument différentes. Les édifices des Perfans & des Chinois ne reffemblent en

rien à ceux des Grecs & des Romains,
quoiqu'il régne dans les uns & dans les
autres la même *Uniformité* entre les différentes parties qui les composent. Mais
cette derniére n'est nulle part plus fenfible que dans cette efpéce d'Architecture que nous appellons *Réguliére*, dont
toutes les parties forment des figures réguliéres égales ou femblables, au moins
dans le même Ordre : les Piédeftaux font
des Parallélipipedes, ou des Prifmes car-
rés, les Colonnes des efpéces de Cylindres ; les Arcades font circulaires, &
toutes égales dans le même rang ; il régne
dans chaque Ordre la même proportion
entre les Diamétres, les Fûts, les Cha-
piteaux des colonnes, les diamétres des
Arcades, les hauteurs des Piédeftaux, les
faillies des Corniches, & tous les Orne-
mens qu'on emploie dans chacun des cinq

Ordres. Quoique les autres peuples ne
fuivent pas toujours les Proportions
qui ont été établies par les Grecs & par
les Romains, ils ne laiffent pas d'obferver une Proportion, une *Uniformité*, &
une fymétrie entre les parties correfpondantes, de forte qu'il fuffit qu'une partie
s'écarte de la Proportion qui eft gardée
dans tout le refte de l'édifice, pour que
l'œil en foit choqué, & pour que la beauté
du tout foit entiérement détruite ou confidérablement affoiblie.

VIII. On peut obferver la même chofe
dans tous les autres Ouvrages de l'art,
fans en excepter même les uftenfiles les
plus communs. Car on trouve que la
beauté de chacun d'eux dépend entiérement de l'Uniformité & de la Varieté qui
y font jointes, fans lefquelles ils paroiffent mefquins, irréguliers & difformes.

E iiij

SECTION IV.

De la Beauté Relative ou Comparative.

De la Beauté Comparative.

I. SI ce que nous venons de dire touchant l'origine de la *Beauté absoluë*, est vrai, il ne sera pas difficile de découvrir en quoi consiste la *Beauté relative*. Toute *Beauté* est relative au sentiment de celui qui l'apperçoit : mais nous ne donnons proprement ce nom, qu'à celle qu'on découvre dans un objet, en tant qu'on le considere comme une *imitation* de quelque *Original* ; & cette *Beauté* est fondée sur une espéce de *Conformité* ou d'*Unité* qui se rencontre entre l'Original & la Copie. Le premier peut être ou un objet qui

exifte dans la Nature, ou quelqu'*idée*
établie. Car dès qu'on a une *idée* pour
modéle, & des régles pour fixer cette
image ou *idée*, il n'eft pas difficile de produire une *imitation parfaite*. Ainfi un *Statuaire*, un *Peintre* ou un *Poëte*, peuvent
également nous plaire, en nous repréfen-
tant l'image d'Hercule, pourvû qu'on remarque dans cette piéce, la taille & les
autres marques de force & de courage,
qu'on imagine dans ce Héros.

Au refte la *Beauté comparative* ne fuppofe pas toujours une Beauté réelle dans
l'Original. L'imitation d'une *Beauté abfo-
luë* peut bien, il eft vrai, rendre l'image
plus parfaite : mais cela ne peut empêcher
que l'*imitation* n'ait de la Beauté, fi elle
eft exacte, quoique l'Original n'en ait aucune. Par exemple, un Tableau qui re-
préfente un homme accablé de toutes les

incommodités de la vieilleſſe, un deſert affreux où l'on ne découvre de toutes parts que des rochers, des montagnes eſcarpées & arides, ne laiſſera pas de nous plaire, ſi ces objets ſont bien dépeints, quoiqu'il n'ait pas la même Beauté que ſi l'Original eût été plus parfait, & également bien repréſenté. Il peut même arriver que la nouveauté nous faſſe préférer la repréſentation d'un objet irrégulier à celle d'un autre qui eſt parfait.

De la Deſcription Poëtique.

II. La même obſervation a lieu dans les Deſcriptions que les Poëtes font des perſonnes ou des objets naturels. C'eſt à cette *Beauté relative* qu'ils doivent aſpirer, s'ils veulent que leurs Ouvrages produiſent ſur nous l'effet qu'ils deſirent. Ce qu'Ariſtote appelle *Moratæ Fabulæ*, ou ἤθη, ne ſignifie point proprement des *Mœurs vertueuses* dans le sens que les Moralistes l'entendent, mais une *Représentation naïve* des Mœurs & des Caractéres, tels que la Nature les offre ; de sorte que les *actions* & les sentimens conviennent aux caractéres de ceux qu'on introduit dans l'Epopée & dans le Poëme Dramatique. Peut être la nature de nos Passions nous fourniroit-elle de bonnes raisons pour prouver qu'un Poëte ne doit point choisir des caractéres parfaitement vertueux pour le sujet de son Ouvrage, quoiqu'ils puissent, étant considérés d'une maniére abstraite, procurer plus de plaisir & avoir plus de beauté que ces caractéres imparfaits qui s'offrent tous les jours dans le commerce de la vie, & dans lesquels on remarque un mêlange de bien & de mal. Mais il suffit pour le présent d'opposer à ce choix, que nous sommes

bien plus vivement frappés du caractére
d'un méchant homme, en qui toutes les
paffions fe montrent à découvert, que de
celui d'un Héros accompli, qui eft plus
rare dans la vie, & qui par là ne nous
permet pas de juger avec certitude de la
conformité de la Copie avec l'Original.
Ajoûtez que connoiffant notre état intérieur, nous fommes bien plus touchés de
l'imperfection qui régne dans les caractéres, puifque par leur moyen nous découvrons dans les autres ces contraftes d'inclinations, & ces combats entre les paffions & les vices que nous éprouvons tous
les jours dans nous-mêmes. C'eft cette
Beauté, qui jointe à la varieté des caractéres qui régne dans Homére, rend fes
Ouvrages fuperieurs à ceux de tous les
autres Poëtes.

De la Probabilité, de la Similitude, & de la Métaphore.

III. On découvre dans la Poësie plusieurs autres Beautés qu'on peut rappor-
ter à la *Beauté relative*. La *Probabilité* est
absolument nécessaire pour nous faire
imaginer la *Ressemblance*. C'est de celle-ci
que dépend la beauté des *Similitudes*, des
Métaphores & des Allégories, soit que le
sujet de la Comparaison ait de la *Beauté*
ou non. Il est pourtant vrai de dire que
la Beauté est plus grande, lorsque tous
deux ont quelque beauté ou dignité originelle, & que la ressemblance s'y trouve.
Aussi est-ce là le fondement de la régle
qu'on nous prescrit, de chercher la Décence, ainsi que la Vraisemblance, dans
les *Métaphores* & les *Similitudes*. La Mesure & la *Cadence* font des preuves de

l'Harmonie ; & elles appartiennent toutes deux à la *Beauté relative.*

Du penchant que nous avons pour les Comparaisons.

IV. On ne doit point oublier ici le penchant que nous avons à faire des *Comparaisons perpétuelles* de toutes les chofes qui fe préfentent , lors même qu'elles font abfolument différentes les unes des autres. On remarque certaines reffemblances entre tous les mouvemens des animaux qui font affectés des mêmes Paffions. Ces reffemblances nous fournif-fent aifément une Comparaifon : mais notre imagination y prend très-peu de part. Les objets inanimés ont fouvent des pofitions qui reffemblent à celles du corps humain dans plufieurs circonftances. Les airs ou geftes du corps indiquent

certaines difpofitions de l'ame. C'eft par
là que toutes nos différentes paffions &
affections, de même que plufieurs autres
circonftances trouvent dans notre efprit
une reffemblance avec les *objets naturels
inanimés.* Ainfi une tempête eft fouvent
l'emblême de la guerre ; une plante ou
un arbre gâtés par la violence de la pluie,
celui d'une perfonne accablée de trifteffe ;
un pavot dont la tige fe courbe, ou une
fleur qui fe fane, après avoir été coupée
par le tranchant de la charrue, eft l'image
d'un Héros qui meurt à la fleur de fon
âge ; un vieux chêne planté fur une mon-
tagne, eft celle d'un ancien Empire ; un
embrafement qui confume une forêt, devient un fymbole de la guerre. En un
mot, il n'y a rien dans la Nature que l'inclination que nous avons pour les Com-
paraifons, ne nous faffe trouver femblable

à quelqu'autre chofe, quelqu'éloignée qu'elle foit, furtout quand il s'agit des Paffions, & des autres circonftances de la Nature humaine qui nous regardent plus particuliérement. Il fuffit pour s'en convaincre de jetter les yeux fur les Ouvrages d'Homére & de Virgile. Une imagination fertile pourroit trouver dans une forêt ou dans un fimple boccage, un Emblême des différens Caractéres qui compofent une République, des divers tempéramens ou des différentes conditions des hommes.

De l'Intention.

V. On peut obferver touchânt cette efpéce de *Beauté Comparative*, qui a un rapport néceffaire à quelqu'idée établie, que certains Ouvrages de l'art acquiérent une *Beauté diflincte*, par la correfpondance qu'ils ont avec quelque *intention* qu'on

fuppofe

ſuppoſe univerſellement dans l'Ouvrier ; ou dans les perſonnes qui l'emploient. Il arrive même ſouvent que pour procurer cette Beauté à leurs Ouvrages, les Artiſtes n'aſpirent point à la plus haute perfection de la *Beauté Originelle* priſe ſéparément, parce que l'union de cette *Beauté relative* avec quelque dégré de l'*Originelle* peut donner plus de plaiſir, qu'une *Beauté originelle* plus parfaite conſidérée toute ſeule. Par exemple, on néglige ſouvent l'exacte régularité dans la diſtribution des Parterres, des Vûes & des Allées, pour mieux imiter la Nature, même dans quelques uns de ſes défauts. Cette *imitation* nous plaît davantage, ſurtout lorſque la ſcéne eſt vaſte & ſpacieuſe, que l'exactitude limitée des Ouvrages les plus réguliers. De même dans les monumens qu'on érige en l'honneur des

F

Héros, quoiqu'un Cylindre, un Prisme, ou tel autre solide régulier puisse avoir plus de Beauté qu'une Pyramide ou un Obélisque, ce dernier plaît néanmoins davantage à la vûe, parce qu'il répond mieux à l'idée qu'on se forme de la *Stabilité*, & qu'il a plus d'apparence. C'est aussi par la même raison qu'on préfére pour les Piédestaux des Statuës les cubes ou les prismes quarrés aux Solides les plus réguliers, parce qu'ils ont plus de solidité. C'est peut-être encore pour cette raison, que les Colonnes ou les Pilastres ont plus d'élégance lorsqu'on les renfle au milieu ou au tiers de leur hauteur, afin qu'ils paroissent moins massifs, & moins sujets à se renverser.

VI. Cette raison peut obliger les Artistes dans plusieurs occasions à s'écarter des régles de la *Beauté originelle* dont on

à parlé plus haut : mais elle ne sçauroit fervir de preuve contre ce que nous avons
avancé, que le sentiment qu'on a de la
Beauté, dépend de l'union de l'Uniformité
avec la Variété. C'est seulement une marque que le sentiment que nous avons de la
Beauté primitive, peut être varié & contrebalancé par une autre espéce de *Beauté*.

VII. La Beauté qui naît du rapport
qu'on remarque entre l'objet dans lequel
elle se trouve, & l'*intention* de l'Ouvrier
fournit un nouveau genre de Beauté dans
les Ouvrages de la Nature à ceux qui sont
capables de les observer. Il suffit pour
cela de considérer combien le Méchanisme des différentes parties de l'Univers
qui nous sont connuës, paroît propre à
contribuer à la perfection de chacune de
ces parties, quoique d'une maniére subor-
donnée au bien de quelque Systême. On

suppose en général que la principale *intention* de l'Auteur de la Nature a été de procurer le bien de tous les Etres ; & rien ne nous flatte davantage, que de voir une partie de ce deffein exécutée dans les Syſtêmes dont nous avons connoiſſance. Les obſervations que nous avons faites ſur ce ſujet, ſe trouvent répanduës dans les Auteurs modernes qui ont perfectionné la Philoſophie Méchanique. Je me contente de remarquer ici, qu'il n'y a perſonne qui ne voie avec plaiſir un deffein exécuté ſuivant toutes les régles du Méchaniſme, lors même qu'il n'en eſpéré aucun avantage ; & qui n'aime à découvrir le deffein auquel une machine compoſée convient, quoiqu'il ait eu peut-être auparavant une connoiſſance générale de la machine, ſans ſçavoir qu'elle étoit propre à exécuter ce deffein.

Il eſt étonnant que l'ingénieux Auteur de l'*Alciphron* ait oſé avancer, que toute Beauté en général n'eſt fondée que ſur l'utilité qu'on découvre ou qu'on imagine dans l'objet où elle ſe rencontre. Sa raiſon eſt, que l'idée de l'utile ſe préſente continuellement à notre eſprit, lorſque nous jugeons de la forme des chaiſes, des portes, des tables & de quelques autres Uſtenſiles d'une utilité évidente; & que ces formes nous plaiſent à proportion de l'utilité que nous pouvons en tirer. Mais on voit au contraire, que dans ces objets là même on cherche la *Conformité* des parties, quoi qu'on eût pû s'en paſſer. Par exemple, les pieds d'une chaiſe ne laiſſeroient pas de ſervir également, quoique d'une forme différente, s'ils avoient la même longueur, & quoique l'un fut droit, & l'autre courbe, l'un tourné en dedans,

F iij

& l'autre en dehors. On pourroit donner aux Montans d'une porte une figure plus approchante de celle du corps humain, qu'on ne fait ordinairement. Cependant quelle utilité retire-t'on de ces sortes d'imitations des Ouvrages de la Nature dans l'Architecture ? Pourquoi un pilier qui tient des proportions du corps humain, nous plaît-il davantage qu'un autre ? Ce pilier est-il destiné au même usage que l'homme ? A quoi bon imiter les autres objets naturels & réguliers dans l'entablement ? N'est-ce pas parce que l'imitation nous plaît par tout où elle se trouve, indépendamment de l'avantage que nous pouvons en tirer ? L'Homme n'aime-t'il que la figure des animaux, dont il espére recevoir de l'utilité ? La figure d'un cheval ou d'un bœuf peut bien être un garant des services, que le propriétaire a droit

de s'en promettre : mais sera-t'il le seul à
être charmé de la beauté de ces animaux ?
Ne découvre-t'on pas de la beauté dans les
plantes, les fleurs & les animaux, dont
l'usage nous est inconnu ? Ce qui me
surprend le plus, est que l'Auteur dont je
parle ait osé avancer, qu'Aristote emploie le mot ἐπαινετόν, pour donner une
idée du καλόν, quoique ce Philosophe
ait eu si souvent soin de nous avertir,
que le καλόν est plus excellent que le
premier ; que nous n'aimons les louanges,
que parce qu'elles nous confirment dans
la croyance que nous possédons la vertu,
ou le καλόν, & que l'excellence de ce
dernier, dont nous avons une idée antécédente, est la cause de l'amour que nous
sentons pour les louanges. Voyez *Ethic.*
ad Nicom. l. ɪ. *c.* ʃ. & plusieurs autres
endroits du même Auteur. Il est vrai que

F iiij

le καλόν est louable ; & comme le dit Platon, *tout Sage* ἡδὺ καὶ ὠφέλιμον. C'eſt dans ce ſens que le prennent tous ceux qui défendent un *ſens moral.* Cependant notre Auteur a trouvé le ſecret d'en faire une objection contre ce même *ſens moral.*

Les argumens dont on ſe ſert pour prouver le motif & le deſſein de la cauſe par la beauté de ſes effets, ſont d'un uſage ſi fréquent dans certains ſujets élevés, qu'il convient de les examiner avec plus de ſoin, pour découvrir leur certitude & leurs différens dégrés d'évidence.

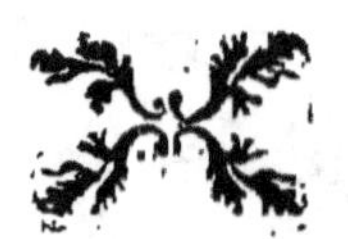

SECTION V.

Où l'on traite des Raisonnemens que nous faisons touchant l'intelligence, le deſſein & la ſageſſe de la Cauſe, à l'occaſion de la Beauté ou de la Régularité que nous découvrons dans ſes effets.

Sentiment arbitraire dans ſon Auteur.

I. IL ne paroît point, à en juger par la nature des choſes, qu'il y ait entre les idées que nous nous formons de la *Beauté* & de l'Uniformité, ou Régularité des objets, aucune connexion néceſſaire & antécédente à quelque *Conſtitution* de l'Auteur de la Nature, qui a rendu ces ſortes de formes propres à nous plaire.

Il peut y avoir des eſprits faits de telle

façon, qu'ils ne reçoivent aucun plaisir de l'*Uniformité*. Nous trouvons en effet, que les mêmes formes réguliéres ne plaisent point également à tous les animaux, dont nous avons connoissance, ainsi que nous le ferons voir plus bas. Supposons donc contre l'argument que nous venons d'établir, que la Constitution du Sentiment qui nous porte à approuver l'*Uniformité*, est purement arbitraire dans l'Auteur de nôtre être, & que les goûts pour la Beauté sont infinis ; ensorte qu'on ne puisse jetter au hasard une cinquantaine ou une centaine de caillous, qu'ils ne forment une demeure propre & agréable à quelque animal. Il s'ensuivra delà que la Beauté que nous découvrons dans un effet n'est pas une raison, qui doive nous obliger à admettre un *Dessein* dans la Cause. Car le Sentiment pourroit être tel, qu'il se plût à *l'irrégularité* qui résulte d'une Cause qui agit sans aucune direction *.

* L'Auteur emploie le terme de Puissance aveugle, *undirected Force*, ou *undesigning Force*, pour désigner la force avec laquelle un Agent peut mettre la matiére en mouvement, sans avoir dessein de lui donner aucune forme particuliére. Le *Conatus ad motum*, sans une ligne actuelle de direction, est une absurdité si grossiére dans le systême de Descartes, qu'il faudroit ne pas avoir le sens commun, pour entreprendre de la refuter. Mais les hommes ont un si grand nombre d'idées confuses d'une Nature ou Hazard qui imprime des mouvemens, sans dessein de produire aucun effet particulier, qu'il ne sera pas inutile de faire voir, que quand même on accorderoit cette demande, toute absurde qu'elle est, elle ne suffiroit point pour expliquer les apparences qu'on remarque dans la régularité de l'univers. C'est ce que je tâche de faire dans les quatorze premiers Articles de cette Section. Ces sortes d'argumens seroient inutiles, si tous les hommes étoient persuadés de cette vérité, qu'il ne sçauroit y avoir d'Agent dépourvû de la faculté de penser ; & que les termes de Hazard & de Nature ne sont que des noms vagues qu'on n'emploie dans cette occasion, que relativement à notre ignorance.

Mais dans cette fuppofition , comme il y a une infinite de formes poffibles , auxquelles on peut réduire quelque fyftême que ce foit , une infinité de lieux propres à contenir des animaux , & une infinité de goûts ou de fentimens dans ces animaux , il y a au moins autant d'impoffibilité , que dans des efpaces auffi immenfes , chaque animal foit placé dans un fyftême conforme à fon goût , qu'il y a de difproportion entre l'infini & l'unité. Il feroit encore plus déraifonnable d'attendre du hafard qu'une multitude infinie d'animaux qui ont un même fentiment de la *Beauté* , fuffent placés dans des lieux également agréables.

De la Puiffance qui n'eft point dirigée.

II. Qu'on fuppofe tel fyftême de matiére qu'on voudra : il eft auffi probable , qu'une Puiſſance qui n'eſt point dirigée produira une *forme réguliére*, qu'une irréguliére donnée également compliquée. Cela n'empêche point, que le nombre des formes irréguliéres auxquelles on peut réduire un ſyſtême, ne ſurpaſſe autant celui des réguliéres, que l'infini ſurpaſſe l'unité. Cette probabilité augmente à proportion que le ſyſtême eſt plus compoſé. Par exemple, une ſurface d'un pouce en carré peut recevoir une infinité de formes réguliéres ; celles du Triangle équilatéral, du Quarré, du Pentagone, de l'Exagone, de l'Heptagone, &c. Mais pour chaque forme réguliére, il y en a une infinité d'irréguliéres ; par exemple, une infinité de Triangles ſcalénes pour un Triangle équilatéral, une infinité de Trapezes pour un Quarré, une infinité de Pentagones irréguliers pour un régulier, &

ainſi de ſuite. Ainſi en ſuppoſant tel ſyſtême qu'on voudra mu par une Puiſſance
qui agiſſe ſans deſſein, il y a l'infini contre
l'unité à parier, qu'il ſe réſoudra en une
forme irréguliére, plûtôt qu'en une réguliére. Par exemple, il y a l'infini contre
un à parier, qu'un ſyſtême de ſix parties
étant mû, ne prendra point la forme d'un
Exagonne régulier. Le haſard ſera d'autant plus grand, qu'on ſuppoſera le ſyſtême plus compoſé.

On éprouve en effet tous les jours,
que la *Régularité* n'eſt jamais le fruit de la
Puiſſance, que nous employons ſans deſſein. Il ſuit delà que toutes les fois que
nous découvrons de la *Régularité* dans la
diſpoſition d'un ſyſtême capable de pluſieurs autres arrangemens, nous devons
ſuppoſer une intelligence & un *Deſſein* dans
la Cauſe ; & cette conviction augmente

proportionnellement à la multiplicité des parties qui ont été employées.

Voici une autre preuve beaucoup plus forte encore que la précédente. Les hommes font fi perfuadés que la *Beauté* confifte dans la *Régularité*, qu'ils affectent généralement cette derniére dans les divers arrangemens qu'ils font des corps : il eft rare, qu'ils s'y propofent jamais l'*irrégularité* pour but. De là vient que nous fuppofons la même inclination dans les autres Etres, & que nous ne pouvons nous empêcher par-tout où nous découvrons cette Régularité, d'admettre de l'intelligence dans la *Caufe*, & de regarder l'irrégularité comme la preuve d'un défaut d'intelligence. Au contraire, fi les autres Agens ont un Sentiment de la Beauté différent du nôtre, ou s'ils n'en ont point du tout, ils peuvent auffi bien

ſe propoſer l'*irrégularité*, que la *Régularité*.
Nous pouvons alors également admettre
une intelligence dans la Cauſe, ſoit que
l'effet ſoit irrégulier ou non. Car puiſqu'il
y a une infinité d'autres formes que l'irréguliére qui a été produite, & que toutes
ſont également indifférentes à un Etre qui
n'a aucun ſentiment de la Beauté*; puiſque

* Il y a beaucoup de différence entre un Etre
tel que celui qu'on ſuppoſe ici, & un autre qui
n'eſt obligé par aucun motif de produire une
forme plûtôt qu'une autre. Ce dernier, quant à
la queſtion préſente, ne différeroit en rien du
hazard. Mais il n'en eſt pas de même du premier.
Car un Etre peut n'avoir aucun ſentiment de la
Beauté, & avoir cependant deſſein & intention
de produire des formes réguliéres. Or toute Régularité ſupérieure à celle qu'on a lieu d'attendre
d'une Puiſſance qui agit ſans intelligence, ſuppoſe toûjours un deſſein & une intention dans la
Cauſe, quand même on la ſuppoſeroit incapable
de goûter la Beauté de ces ſortes de formes, puiſque d'autres raiſons peuvent la porter à préférer
ces formes à toutes autres. Ainſi en ſuppoſant que

toute

toute matiére en mouvement doit produire par sa rencontre une forme, quelle qu'elle soit , & qu'en supposant la
Puissance appliquée par un Agent dénué
du Sentiment de la *Beauté* , toutes les formes prouvent également une intelligence;
il est évident qu'une forme ne la prouve
pas plus qu'une autre, ou ne la prouve
point du tout , qu'autant qu'on suppose
métaphisiquement qu'il n'y a point
d'Agent dénué d'intelligence , & que
tout effet émane de l'*intention* de quelque
Cause.

Dieu n'est point immédiatement touché de la
Régularité, de l'Uniformité & de la *Ressemblance*
qui se rencontrent dans les corps, il peut cependant avoir d'autres raisons de produire ces
objets, ne fût-ce que le plaisir des Créatures,
auxquelles il a donné un sentiment de la Beauté
fondé sur ces qualités. Voyez les deux derniers
Articles de la derniére Section.

G

Le Hazard ne sçauroit produire des formes Similaires.

III. Il suit néanmoins des réflexions précédentes, que supposant une masse de matiére autant au-dessus d'un pouce cube, que l'infini du premier genre est au-dessus de l'*Unité* ; supposant encore, (ce qui est à peine possible) que cette masse tende à se résoudre d'elle-même , sans le secours d'aucune Cause intelligente, en des parties dont la solidité soit d'un pouce cube, & en une figure prismatique , dont la base ait toujours la moitié d'un pouce en carré ; supposant, dis-je , ces conditions déterminées , & que toutes les autres dépendent de la Puissance qui agit sans dessein : tout ce que nous pourrons attendre dans ce cas de cette Puissance , sera un ou

deux Prifmes équilatéraux, parce qu'il y
a une infinité de Prifmes irréguliers poffibles, dont la bafe & la folidité font les
mêmes. Ainfi lorfque nous rencontrons
un grand nombre de Prifmes de cette
efpéce, nous avons tout lieu de croire
qu'ils ont été produits avec intelligence
de Caufe, puifque leur nombre excéde
celui qu'on peut attendre des loix du
hazard.

IV. Que fi cette maffe infinie ne pre-
noit point la forme d'un Prifme, on ne
pourroit attendre de fon *Concours fortuit*
qu'un *Prifme* de quelqu'autre efpéce, puifqu'elle peut fe réfoudre en une infinité
d'autres folides; & fi nous trouvons un
grand nombre de Prifmes, nous pouvons
admettre une intelligence dans la Caufe.
Ainfi dans une maffe de matiére égale à
l'infini du premier genre, on ne peut

raisonnablement attendre un corps d'une grandeur, d'une grosseur & d'une forme donnée. Car il y a une infinité de formes possibles de toute dimension, & une infinité de dimensions possibles de toute forme ; & nous avons d'autant plus sujet de présumer de l'intelligence * dans la Cause, que nous trouvons un plus grand nombre de corps de même forme & de même dimension.

V. Ces raisons paroissent être démenties par ce qui arrive dans la cristalisation de certains corps. Car le fluide dans lequel ils nageoient, n'est pas plûtôt évaporé, qu'il se forme souvent des figures réguliéres, sans qu'on puisse attribuer cet effet à aucun autre principe, qu'à l'Attraction. Il sera cependant aisé de résoudre cette difficulté, si l'on fait attention que les

* Design.

particules infiniment petites des corps qui se font convertis en criftaux, paroiffent avoir naturellement des figures réguliéres fixes. Car leur exiftence une fois admife, il n'eft pas difficile de concevoir comment leur *Attraction* feule peut produire des figures réguliéres. Mais fi l'on n'admet quelque Régularité préexiftente dans la figure des corps attractifs, on ne fçauroit comprendre qu'ils puiffent jamais former un corps régulier. Il n'eft donc pas vraifemblable que toute la maffe de matiére qui compofe notre globe, ainfi que ceux des étoiles fixes qu'on découvre par le moyen du Télefcope, fuffent-elles mille fois plus grandes que les Aftronomes ne les fuppofent, ait pû former par la feule rencontre de fes particules un nombre de corps réguliers ou irréguliers femblables.

G iij

Combinaisons fortuites impossibles.

VI. On doit observer qu'il y a un grand nombre de Compositions corporelles capables d'être effectuées par le plus petit degré d'intelligence, qu'on attendroit inutilement du *Hazard* ou d'une Puissance sans intelligence, après une infinité de rencontres, quand même on supposeroit que toutes les formes, à l'exception de la réguliére, ont été détruites pour disposer les parties à être de nouveau agitées. Supposons, par exemple, que d'une masse infinie de matiére déterminée de façon ou d'autre à se résoudre en des corps d'une solidité donnée, une Puissance dénuée d'intelligence puisse former un Prisme équilatéral de telle dimension qu'on voudra. C'est-là tout ce qu'on peut attendre, puisqu'après qu'on a obtenu la solidité, il y a l'infini contre un à parier, que le corps ne fera point Prifmatique ; ou fuppofé qu'il foit tel, qu'il ne fera point *Équilatéral*. Suppofons de nouveau une autre quantité infinie de matiére déterminée à fe réfoudre en des *Tuyaux*, dont les orifices foient exactement égaux aux Bafes des premiers Prifmes. Il y a au moins la feconde puiffance de l'infini, ou deux fois l'infini contre un à parier, qu'aucun de ces tuyaux ne fera tout à la fois *Prifmatique* & *Équiangle ;* ou que fi le tuyau a été conftruit de façon à pouvoir recevoir un de ces Prifmes, ils ne fe rencontreront jamais dans un efpace infini ; que fuppofé qu'ils fe rencontrent, les axes du Prifme & du Tuyau ne feront jamais perpendiculaires ; enfin que fuppofé qu'ils le foient, il y a encore l'infini contre trois à parier, que leurs angles ne fe rencontreront jamais fi jufte, qu'ils puiffent s'emboëter l'un dans l'autre. Il eft donc abfolument impoffible, » Que le hazard, quel qu'on le » fuppofe, agiffant fur une maffe infinie » de matiére pendant une fuite infinie » d'âges, puiffe faire qu'un Prifme s'em- » boëte dans un trou de même figure que » lui, puifque le hazard eft tout au plus » comme trois à la troifiéme puiffance de » l'infini. « Cependant la moindre intelligence fuffit pour l'exécuter.

VII. Ne peut-on donc pas regarder comme abfurde, & même comme abfolument impoffible, » Qu'une Puiffance dé- » nuée d'intelligence foit capable d'exé- » cuter une machine auffi compofée que » la plante la plus imparfaite, ou l'animal » le plus méprifable, ne fût-ce qu'une feule » fois ? « Car le défaut de vraifemblance augmente à proportion que la complication

du Méchaniſme de ces corps naturels ſurpaſſe la Combinaiſon *ſimple* dont on a parlé
plus haut.

VIII. On obſervera , ῾ Que le raiſonne-
῾ ment que nous venons de faire touchant
῾ la multitude de corps réguliers de même
῾ forme qu'on découvre dans l'univers,
῾ ainſi que ſur les Combinaiſons des diffé-
῾ rens corps, eſt abſolument indépendant
῾ de la perception de la Beauté ; & qu'il
῾ ne laiſſeroit pas de prouver également
῾ l'intelligence de la Cauſe , quand même
῾ il ne ſe trouveroit aucun Etre capable
῾ de découvrir la Beauté des formes qui
῾ exiſtent. ῾ Car voici en abrégé à quoi
ce raiſonnement ſe réduit : ῾ Qu'un effet
῾ qui revient plus ſouvent que les loix du
῾ hazard ne le permettent , ſuppoſe tou-
῾ jours un Deſſein ; & que les Combi-
῾ naiſons qu'on ne peut attendre d'une

” Puiffance dénuée d'intelligence, prou-
” vent néceffairement la même chofe,
” avec même d'autant plus de probabilité
” que le nombre de cas contraires furpaffe
” celui dont nous parlons; « ce qui dans
les cas les plus fimples paroît être au
moins comme l'infini à l'unité. La multitude ou la combinaifon exacte des formes irréguliéres femblables, prouve également un *Deffein* dans la Caufe, puifque
la reffemblance * ou la combinaifon exacte
des formes irréguliéres, n'eft pas plus
qu'une autre au pouvoir d'une Puiffance
dénuée d'intelligence.

IX. Je vais donner à ceci une forme
un peu plus approchante du Théorême,
malgré la difficulté qu'on rencontre à rai-
fonner fur l'infini. Les pouvoirs du fort,
joints à la quantité infinie de matiére dans

* *Similarity.*

une infinité d'âges , peuvent répondre aux hazards que l'on court, comme la cinquié-me puiſſance de l'infini , & rien de plus. Ainſi on peut concevoir la quantité de matiére comme la troiſiéme puiſſance de l'infini , & rien davantage ; les différens dégrés de force, comme une ſeconde puiſ-ſance de l'infini ; & le nombre des rencon-tres, comme la cinquiéme. Mais cette der-niére n'a lieu , que dans la ſuppoſition qu'il ne ſe fait aucune *Cohéſion* après cha-que rencontre ; mais que tout ſe diſſout de nouveau pour un autre concours, excepté dans les *formes ſimilaires*, ou *Combinaiſons exactes* : ſuppoſition tout-à-fait mal fondée, puiſque nous voyons les *Corps diſſimilaires* & les *Maſſes brutes* s'unir beaucoup plus fortement que les autres Corps. Or pour produire quelque Corps donné que ce ſoit dans une Place ou Situation donnée , &

d'une dimenfion ou figure donnée , les hazards du contraire font, une puiffance de l'infini au moins pour la Place ou Situation : celle-ci obtenuë , il faut une autre puiffance de l'infini, pour avoir la *Solidité* ; la *Situation* & la *Solidité* obtenuës, les trois autres puiffances de l'infini au moins font néceffaires, pour avoir la figure donnée la plus fimple. Suppofons , par exemple , que la forme qu'on demande eft celle d'un *Prifme* à quatre faces , ou d'un *Parallélipipede :* il faut une puiffance pour que les furfaces foient *Planes* ; une autre eft néceffaire pour qu'elles foient paralléles dans ce cas , ou inclinées fous un angle donné dans tout autre ; & pour qu'elles foient l'une à l'autre en raifon donnée , on a befoin au moins de la troifiéme puiffance. Car dans chacun de ces cas, il y a toujours au moins une infinité d'autres cas

poſſibles que le donné. Ainſi tous les pouvoirs du *Sort* ne produiront peut-être tout
au plus qu'un corps de chaque figure en
groſſeur la plus ſimple : c'eſt-là tout ce
qu'on doit attendre. On peut en eſpérer
peut-être une *Pyramide*, ou un *Cube*, ou
un *Priſme :* mais en augmentant les conditions requiſes, l'eſpérance doit diminuer,
comme dans les figures extrêmement complexes, dans toutes les combinaiſons des
corps & dans les eſpéces Similaires, qu'on
ne peut jamais raiſonnablement attendre
du hazard : enſorte que là où on les apperçoit, on peut, ſans crainte de ſe trom-
per, les attribuer à une intelligence. *

*Les Combinaiſons des Formes irréguliéres
ſont également impoſſibles.*

X. Les Combinaiſons des Formes *réguliéres* ou *irréguliéres* exactement adaptées

ſ. *Deſign.*

les unes aux autres, sont donc tellement
soumises à l'infini, & les *Hazards* des
formes contraires si nombreux, qu'il semble tout à fait impossible qu'elles puissent
s'effectuer par *hazard*. Appliquons les cas
que nous avons rapportés Art. VI. de
cette Section, touchant le *Prisme* & le
Tube à nos machines les plus simples,
par exemple à une paire de rouës de
carosse. Supposons-les toutes deux parfaitement circulaires & égales, posées pa-
rallèlement sur leurs essieux, & assurées
de façon qu'elles ne puissent en sortir.
Je dis que les cas dans lesquels le contraire eût pû arriver par des Concours
non dirigés, ne demandât-on d'autres
conditions que celles dont nous venons
de parler, égalent par leur nombre une
puissance de l'infini égale à chaque cir-
constance requise. Que sera-ce donc d'une

plante, d'un arbre, d'un animal, d'un homme, dont le corps renferme un si grand nombre de vaiſſeaux qui correſpondent les uns aux autres, d'articulations, d'inſertions de muſcles, de diſtributions de veines, d'artéres & de nerfs? Eſt-il poſſible de concevoir que ces machines qui naiſſent tous les jours en ſi grand nombre dans toutes les parties de l'univers, avec tant de conformité dans leur ſtructure, ſoient l'effet du hazard?

XI. Suppoſons encore pour un moment que tout ce qu'on vient de dire de la reſſemblance * des formes & des combinaiſons, ſoit ſans fondement, & que le hazard ſoit capable de produire de pareilles formes, avec une combinaiſon exacte, on ne pourra tout au plus ſe promettre qu'une de ces formes entre une

* **Similarity.**

infinité d'autres. Lors donc qu'on voit une
fi grande multitude d'individus de même
efpéce entiérement femblables les uns aux
autres dans un grand nombre de parties,
& une conformité fi parfaite dans les membres qui fe correfpondent, peut-on fe dif-
penfer de reconnoître du *Deffein* dans l'univers ? Non fans doute : on peut tout au
plus objecter une fimple Poffibilité contre
une Probabilité qui furpaffe tout ce qui
n'eft pas Démonftration.

XII. Cette preuve, ainfi qu'on l'a
obfervé plus haut*, eft tout à fait indé-
pendante de la Beauté que nous découvrons dans chaque forme particuliére.
La reffemblance exacte d'une centaine ou
d'un milier de *Trapezes* marque autant de
Deffein que celle d'un pareil nombre de
Quarrés, puifque les uns & les autres font

* Voyez Art. 3.

au-deffus

au-deſſus des loix du hazard, & que ce qui eſt au-deſſus du hazard ſuppoſe une intelligence.

Suppoſons pour un moment que le hazard puiſſe produire une jambe, un bras ou un œil; ce qui eſt abſurde & abſolument impoſſible : il faudroit un hazard d'un degré d'*infini* proportionné à la complication des parties, pour faire que celles dont on vient de parler n'en euſſent point de correſpondantes; car le nombre des cas dans leſquels cela arriveroit, augmente à proportion de cette complication. Ainſi en ſuppoſant vingt ou trente parties dans une pareille ſtructure, il y auroit la vingtiéme ou trentiéme puiſſance de l'infini contre l'unité à parier, que la partie correſpondante ne ſeroit point ſemblable. Que dirons-nous donc des formes ſemblables d'une eſpéce entiére?

H

Le Hazard ne sçauroit produire de ressemblance grossiére.

XIII. On m'objectera peut-être, » Que
» les corps naturels ne sont point exacte-
» ment semblables, & qu'ils ne nous pa-
» roissent tels, qu'à cause de la grossiéreté
» de nos Sens ; qu'une veine, par exem-
» ple, une artére, un os ne ressemble peut-
» être point à son correspondant dans le
» même animal, quoiqu'il paroisse tel à
» nos Sens, qui ne jugent que de la gros-
» seur, & qui sont hors d'état de discerner
» les petites parties qui le constituent ; que
» même dans les divers individus d'une
» même espéce cette différence est toujours
» sensible, souvent dans la structure inter-
» ne, & toujours dans la figure extérieu-
» re. « Il suffit pour résoudre cette objection de faire voir, » Que le nombre
» des cas dans lesquels on découvre une

» différence *senfible* , eſt infiniment plus
» grand que celui des cas dans leſquels
» on remarque le contraire « Ainſi ce raiſonnement a lieu auſſi bien dans le cas
d'une reſſemblance ſenſible , que dans celui d'une reſſemblance mathématiquement
exacte. Il faut montrer de plus , » Que les
» cas d'une *différence groſſiére* ſurpaſſent de
» même ceux d'une reſſemblance groſſiére
» poſſible, comme l'infini ſurpaſſe l'unité, «

XIV. Un exemple ſuffira pour prouver
ce que j'avance. Suppoſons qu'un *Trapeze*
d'un pied quarré de ſurface paroiſſe ſemblable en gros à un autre, dont les côtés ne
ſurpaſſent point les ſiens d'$\frac{1}{10}$ de pouce, ni
les angles ceux qui leur correſpondent, de
plus de 10 minutes. Je dis que ce dixieme
de pouce , de même que les dix minutes
ſont diviſibles à l'infini ; d'où il ſuit que
les cas d'une *différence inſenſible* ſous une

reſſemblance apparente ſont réellement infinis. Mais alors auſſi il eſt évident, qu'il y
a une infinité de *Trapezes* ſenſiblement
différens, qui cependant ont la même ſurface, ſuivant qu'on augmente ou qu'on
diminue un des côtés d'un dixiéme, de
deux dixiémes, de trois dixiémes, & ainſi de ſuite ; & ſuivant qu'on varie les angles & un des côtés, de maniére que la
ſurface reſte cependant toujours égale. Or
dans chacun de ces dégrés infinis de *différence ſenſible* les différens dixiémes ſont diviſibles à l'infini, de même que dans le
premier cas ; d'où il ſuit, que le nombre
des *différences ſenſibles* eſt à celui des *différences inſenſibles* ſous une reſſemblance apparente, comme la ſeconde puiſſance de
l'infini eſt à la premiére, ou comme l'infini eſt à l'Unité. Cela étant, combien plus
grand doit être le nombre de toutes les

Différences sensibles dans les corps compofés, tels que les bras, les jambes, les yeux,
les artéres, les veines, les fqueletes !

XV. Quant aux différences qu'on remarque dans les animaux de même efpéce,
il eft évident, que les cas poffibles d'une
différence groffiére font infinis ; & alors chacun de ces cas renferme auffi tous ceux
d'une *différence infenfible.* Par exemple, fi
l'on regarde tous les animaux d'une même
efpécé comme femblables , lorfqu'aucun
membre n'excéde la longueur ou le diame-
tre qu'il doit naturellement avoir de plus
de la troifiéme partie de la tête , il eft évident qu'il y aura une infinité de *Différences groffiéres* fenfibles poffibles ; & alors
dans chacun de ces cas de *différence groffiére*
il y aura une infinité de cas d'une différence plus délicate , puifqu'on peut divifer
la troifiéme partie de la tête à l'infini. Je

vais rendre la chose plus sensible par un exemple familier. Deux coquilles de Petoncle qui s'emboëtent naturellement l'une dans l'autre, peuvent avoir une infinité de *Différences insensibles* : mais cela n'empêche pas qu'elles ne renferment encore une infinité de *Différences sensibles* possibles. Or cela supposé, il peut y avoir dans chacune des formes *sensiblement différentes* la même infinité de *Différences insensibles*, outre la *Sensible*. Il suit de là que pour chaque Ressemblance grossière fortuite, le hazard est comme l'infini à l'Unité ; ce qui augmente d'une puissance de l'infini pour chaque membre distinct de l'animal , qui conserve une ressemblance grossière avec son correspondant, puisque l'addition de chaque membre ou de chaque partie à une machine composée, produit une nouvelle infinité de cas de Différence

fenfible , en forte que cette infinité combi-
née avec les cas infinis des premiéres parties augmente le hazard à l'infini.

Ce qu'on vient de dire fuffit pour faire
voir l'abfurdité du fyftême de Defcartes
ou d'Epicure, quand même on leur accorderoit, que la matiére infinie eft muë par
une Puiffance qui agit fans direction : on
peut même le regarder comme une preuve démonftrative de l'intelligence qui gouverne l'Univers.

XVI. Il me refte encore une difficulté
à réfoudre. Quelques uns s'imaginent,
que cette vérité peut mieux fe prouver à
Priori qu'à *Pofteriori* ; c'eft à dire, que
lorfqu'on voit une Caufe prête à agir fans
connoiffance, on a plus lieu de croire qu'elle n'obtiendra pas le but qu'elle fe propofe , qu'on n'eft fondé à dire après qu'elle
a réuffi , qu'elle agiffoit avec connoiffance.

H iiij

Ainſi , diſent-ils , lorſqu'un particulier tire un billet de Loterie dans laquelle il n'y a qu'un lot ſur mille blanques, on a tout lieu de croire qu'il tombera ſur un de ces derniers. Que ſi l'on ſuppoſe , que nous l'ayons vû tirer actuellement le lot , nous ne pouvons pas en conclure qu'il ait eu l'art ou la ſcience d'accomplir ſon ſouhait. Mais il eſt aiſé de répondre à cette objection. Les circonſtances de la Loterie nous fourniſſent dans ces ſortes de cas des preuves morales très fortes , & preſque démonſtratives , que l'art ne peut y être d'aucun uſage. De ſorte que la Probabilité de mille pour un ne peut balancer ces preuves : au lieu que ſi la Probabilité augmente, elle ſurmontera bientôt toutes les raiſons contraires. Par exemple, ſi l'on voyoit un homme gagner dix lots de ſuite dans une Loterie, où il n'y a que dix lots

fur dix mille blanques, peu de gens fans
doute mettroient en queftion, s'il a em-
ployé l'artifice, ou non : encore moins
regarderoit-on comme un pur effet du hazard, qu'un homme tirât fucceſſivement
pour lui une centaine ou un milier de
lots fur un nombre proportionnellement
plus grand de blanques. Mais le cas eſt
encore tout-à-fait différent dans les Ouvrages de la Nature : là nous n'avons pas
la moindre raiſon à objecter contre l'art ou
le Deſſein. Une *Cauſe intelligente* eſt ſûre-
ment une Notion pour le moins auſſi probable, que le *Sort*, la *Force générale*, le
Conatus ad motum, ou le *Clinamen Princi-
piorum*, pour rendre raiſon de quelque effet
que ce ſoit. D'où il ſuit, que toutes les
Régularités, les *Combinaiſons* & les *Ref-
ſemblances* des eſpéces ſont autant de
preuves démonſtratives du *Deſſein* & de

l'*Intelligence* dans la Cause qui a produit l'Univers : au lieu que dans les Loteries, tout art devient actuellement impossible par le tirage, ou du moins extrêmement sujet à caution.

L'irrégularité ne marque point un défaut d'intelligence.

XVII. Je prie encore le Lecteur d'observer, qu'un Agent doué d'intelligence peut imprimer une force quelconque sans se proposer aucune forme particuliére, & sans avoir dessein de produire des formes *irréguliéres* ou *dissemblables*, non plus que des formes *réguliéres & semblables*. Il suit de là que quoique la *Régularité*, la *Combinaison* & la *Symétrie* qu'on remarque dans la construction de l'Univers, supposent une *Intelligence*, l'irrégularité qui pourroit s'y trouver n'est pas toujours une

preuve du contraire , à moins qu'on ne
suppose dans l'Agent , un Sentiment de
Beauté , qui le détermine à agir toujours
d'une façon réguliére , qui lui rende la symétrie agréable , & qui exclue tout autre
motif capable de le porter à agir d'une
maniére opposée ; ce qui est tout à fait
absurde. Plusieurs effets dans l'Univers
paroissent être une suite des Loix générales du mouvement , qui résulte d'une im-
pulsion considérable ; & l'on y remarque
un grand nombre de formes , où la *Symétrie* a été observée à dessein , à quelques
égards , & négligée en d'autres. Il s'en
trouve même , où l'on semble s'être proposé l'irrégularité. On découvre , par
exemple une Ressemblance généralement
exacte entre les deux yeux de la plûpart
des hommes : cependant on auroit peut-
être peine à trouver dans le monde entier

un troisiéme œil, qui leur reſſemble parfaitement. On apperçoit une reſſemblance
groſſiére dans la figure de tous les hommes, malgré les parties innombrables dont
leurs corps ſont compoſés : il ſeroit nean-
moins difficile de trouver deux individus
d'une même eſpéce ſi parfaitement ſemblables, qu'on ne pût les diſtinguer ; ce
qui eſt peut-être arrangé de la ſorte pour
des motifs avantageux à toute l'eſpéce.

De la Sageſſe & de la Prudence.

XVIII. Les preuves que nous avons alléguées juſqu'ici ne regardent proprement
que le *Deſſein* ou l'*intention*, par oppoſition
à ce qu'on nomme *Puiſſance aveugle*, ou
Hazard ; & l'on voit que ces preuves ſont
indépendantes de la *Conſtitution arbitraire*
du Sentiment intérieur que nous avons
de la Beauté. Celle-ci eſt ſouvent regardée
comme une preuve de quelque choſe de

supérieur à un simple *Deſſein* ; je veux dire, comme une marque de Sageſſe & de Prudence dans la Cauſe : c'eſt ce que nous allons examiner.

On définit la *Prudence , une Vertu qui nous porte à rechercher ce qui nous eſt avantageux par les moyens les plus convenables.* Il réſulte de là qu'avant que de pouvoir juger de la Cauſe par ſes effets, il eſt néceſſaire de connoître ce qui lui eſt le plus utile. Les Hommes qui trouvent du plaiſir dans la contemplation de l'*Uniformité* , regardent la *Beauté* des effets comme une preuve de *Sageſſe* , à cauſe des avantages qu'ils en reçoivent : mais cette preuve n'a point lieu à l'égard d'un *Etre* dépourvû de ce ſentiment de *Beauté.* Ainſi celle que nous découvrons dans la *Nature* , n'eſt par elle-même un témoignage de la Sageſſe de la *Cauſe* , qu'autant que nous ſuppoſons cette Cause, ou pour mieux dire, l'Auteur de la Nature, porté d'inclination à nous faire du bien. Car cela une fois supposé, il s'ensuit que le bonheur du Genre-humain est une chose à désirer, ou un bien, pour l'*Etre Suprême*; & la forme qui nous plaît devient une preuve de sa *Sagesse*. La force de cet argument augmente à proportion de la *Beauté* qui existe dans la *Nature*, & qui est proposée à la vûë de tout Agent raisonnable, puisqu'en supposant une Divinité bienfaisante, toute la *Beauté* qu'elle a produite devient une preuve manifeste du Dessein qu'elle a eu de procurer aux Etres doués de raison les plaisirs qui en résultent.

Voici une preuve beaucoup plus immédiate de *Sagesse*. Lorsque nous voyons une machine extrêmement compliquée servir actuellement à quelque fin, nous avons

tout lieu de conclure » Qu'elle n'a point
» été faite par hazard, mais par une Cause
» intelligente , qui s'est proposé le but
» qu'on obtient par son moyen. « Alors la
fin ou l'intention étant en partie connue ,
la complication & la disposition des ressorts
qui servent à cette fin , prouvent une intelligence fort étendue dans la Cause , suivant la multiplication des parties & la
convenance de leur structure , lors même
qu'on ignore l'intention du tout.

Causes générales.

XIX. Il est une autre sorte de *Beauté* ,
qui suppose encore de l'Intelligence & du
Dessein dans la Cause. C'est lorsque *nous
voyons un grand nombre d'effets utiles ou agréables résulter d'une Cause générale*. Les Hommes ne sont pas mal fondés à tirer une pareille conséquence. L'intérêt doit porter

les Etres dont les forces & les opérations sont limitées, à faire un usage modé-
ré de ces mêmes forces, & à regarder un
pareil ménagement comme une preuve de
Sageße dans les autres Etres. Cette raison
spéculative n'est pas la seule qui influë sur
eux ; car l'intérêt à part, un Sentiment
de Beauté acheve de les déterminer dans
les cas où cette raison n'a pû produire son
effet ; comme lorsque nous jugeons des
productions des autres Agens, dont l'œ-
conomie ne nous intéreße point. Qui est-
ce, par exemple, qui ne trouve pas plus de
perfection dans une Horloge qui marque
les heures, les minutes, les secondes, les
jours du mois, à l'aide d'un seul reßort ou
d'un seul poids, que dans une machine qui
ne produit le même effet, & ne satisfait
aux mêmes fins, que par des mouvemens
plus composés ? Or il est évident, que

cette

cette *Beauté* ne consiste que dans l'uniformité, ou même l'unité de la Cause, &
dans la diversité de ses effets.

Loix générales.

XX. On rapportera dans la suite *
quelques-unes des raisons qui ont pû
engager l'Auteur de la Nature à agir
par des Loix générales & des Causes
universelles, quoi que celle qu'on vient
d'alléguer n'ait point lieu à l'égard de
cet Etre suprême. Il est certain que les
Ouvrages de la Nature nous fournissent
quelques exemples fort agréables de *Causes universelles*. La plûpart de ceux qui
s'appliquent à cette sorte d'étude, se
plaisent tellement à observer ces divers
effets, qu'ils les regardent toujours comme une preuve évidente de sagesse dans

* Voyez la dernière Section.

I

l'Adminiſtration de la Nature; & cela en conſéquence du ſentiment qu'ils ont de la *Beauté.*

XXI. Nous avons déja parlé * du Méchaniſme auſſi ſimple qu'admirable, par lequel tous les mouvemens animaux s'exécutent. Celui des parties inanimées de la Nature ne l'eſt pas moins. Quels effets innombrables ne produit point le principe de chaleur que le ſoleil nous communique: principe qui non ſeulement flatte la vûe & le toucher, & nous met en état de diſcerner les objets; mais qui eſt encore la cauſe des pluies, des fontaines, des riviéres & des vents, ainſi que de la Végétation ? Le principe uniforme de *Gravité* retient tout à la fois les Planètes dans leurs Orbites, unit les parties de chaque Globe, & raffermit les montagnes, les

* Voyez plus haut, Sect. II. Art. 8.

collines & les ouvrages artificiels ; éleve
les vagues, les abaiſſe de nouveau, & les
arrête dans leur lit ; délivre la terre de
ſon humidité ſuperfluë, en faiſant couler
les riviéres ; éleve les vapeurs par le moyen
de ſon influence ſur l'air, & les fait re-
tomber enſuite en forme de pluie ; procure une preſſion uniforme à notre At-
moſphére, preſſion néceſſaire à nos corps
en général, mais encore plus à la reſpira-
tion, & nous fournit un mouvement univerſel applicable à une infinité de machines. Cette Méchanique n'eſt-elle pas incomparablement plus belle que ſi l'on ſup-
poſoit dans la Divinité autant de volontés que d'effets particuliers, dont chacune
prévint quelques-uns des maux acciden-
tels qui émanent par hazard de cette Loi
générale ? On pourra follement s'imaginer
que cette derniére maniére d'opérer nous

eût été plus avantageuse, & n'eût point
distrait la Toute - puissance : Mais alors
l'Univers auroit été privé de la Beauté
qu'on y remarque, & les hommes n'eus-
sent trouvé aucun plaisir dans la contemplation de ce spectacle qui leur est main-
tenant si agréable. Il n'est personne qui
n'aime mieux être exposé aux maux inséparables de l'humanité, que de ne pas jouir
de cette forme harmonieuse, qui a été une
source inépuisable de plaisir dans tous les
siécles.

Des Miracles.

XXII. On voit par là, » que quoique
» les Miracles puissent prouver l'inspection
» d'un *Agent volontaire*, & que l'Univers
» n'est point gouverné par *nécessité*, ou au
» *hazard*, il n'y a qu'un esprit foible &
» *inadvertant*, qui puisse en avoir besoin,
» pour se confirmer dans la croyance d'une

» Divinité bonne & sage. En effet, tout
» éloignement des Loix générales, si ce
» n'est dans des occasions extraordinaires,
» seroit une marque de foiblesse & d'irré-
» solution, plûtôt que de sagesse & de
» puissance, & affoibliroit les meilleures
» preuves que nous ayons, de l'intelli-
» gence & du pouvoir de l'Esprit universel
» qui gouverne le monde. «

SECTION VI.

De l'Universalité du Sentiment que les hommes ont de la Beauté.

Le Sentiment intérieur n'est point une source immédiate de douleur.

I. ON a dit plus haut *, que *toute
Beauté est relative à quelque perception*, d'où il suit, que puisque nous

* Voyez Sect. I. Art. 17. & Sect. IV. Art. 1.

I iij

ignorons la diverfité des Sentimens qui fe rencontre parmi les animaux ; nous ne pouvons nier la *Beauté* d'aucune forme que ce foit, parce qu'il peut s'en trouver quelqu'un à qui elle plaife. Mais comme il ne s'agit ici que de l'Homme , avant que d'examiner l'Univerfalité du Sentiment que nous avons tous de la Beauté, ou notre confentement unanime à approuver l'*Uniformité*, il eft à propos de rechercher, s'il n'en eft pas de la Beauté , comme des autres Sens ; je veux dire , fi elle ne rend pas certains objets défagreables , & parlà propre à nous caufer de la douleur.

On ne peut douter qu'il n'y ait un grand nombre d'objets incapables de flatter nos fens, puifque plufieurs n'ont aucune *Beauté* réelle. Mais dans ce cas , nous ne trouvons leur forme défagréable, qu'autant que nous craignons d'en recevoir du dommage , &

que nous la comparons à quelqu'autre
forme plus parfaite. Plusieurs objets nous
paroissent naturellement dégoûtans &
désagréables, de même qu'il s'en trouve
d'autres qui nous plaisent. De ce nombre
sont les *Odeurs*, les *Saveurs* & quelques
Sons séparés. Mais il n'en est pas de même
du sentiment que nous avons de la *Beauté*.
Il n'est aucun objet capable par lui-même
de causer du dégoût ou de la douleur à
ceux qui n'en connoissent point de plus
parfait, à moins qu'il n'excite des idées
simples désagréables. La *Laideur* ne consiste que dans la privation de la *Beauté*,
ou dans le défaut de la *Beauté* qu'on se
flatoit de rencontrer dans une espéce.
Une mauvaise Musique, par exemple,
plaît à un homme grossier, qui n'en a
jamais oui de meilleure ; & l'oreille la
plus délicate ne souffre point à entendre

I iiij

accorder un Inftrument, parce qu'elle ne s'attend alors à aucune harmonie. Au contraire, la moindre *diffonance* dans l'exécution d'une piéce fuffit pour offenfer une oreille préparée à goûter les charmes des accords. Une maffe de pierres informe ne caufe point de dégoût à une perfonne qui feroit choquée du moindre défaut de fymétrie dans un édifice, où elle croiroit trouver les régles les plus exactes de l'Architecture. L'efpéce même la plus laide & la plus difforme ne fçauroit déplaire à celui qui n'en a jamais vû d'autre, quoiqu'il ne trouve pas autant de plaifir dans cette forme, que dans celles qui font le fujet de notre admiration. Le fentiment que nous avons de la *Beauté*, ne paroît être deftiné qu'à nous procurer un plaifir pofitif : comme la douleur ou le dégoût que nous reffentons, ne viennent que de

ce que nous nous trouvons fruſtrés de
notre attente.

De l'Approbation & du Dégoût qui viennent
de l'Aſſociation des Idées.

II. On trouve, il eſt vrai, certaines
Phyſionomies capables de dégoûter dès
la premiere vûe : mais cela provient moins
de quelque difformité réelle, que du défaut de la Beauté à laquelle on s'attendoit ;
diſons mieux, de ce qu'on croit appercevoir des marques de certaines inclinations
moralement mauvaiſes, que tout homme
eſt en état de diſcerner dans la Phyſiono-
mie, l'air & les geſtes de ceux qu'il fré-
quente. Une preuve que ce dégoût n'eſt
point cauſé par une forme poſitivement
déſagréable, c'eſt qu'il ceſſe, dès que nous
trouvons de la douceur, de l'humanité &
de la gayeté dans ceux qui l'excitent,
lorſque nous les fréquentons ; ce qui

n'arriveroit point, si cette difformité étoit naturellement réelle, & capable de causer une douleur ou un dégoût positif, quand même cette aversion seroit contrebalancée par d'autres considérations. Certains objets ne nous causent de l'horreur qu'en conséquence de la crainte où nous sommes pour nous-mêmes, ou de la compassion que nous avons pour les autres, lorsque la raison ou quelqu'association déraisonnable d'idées nous font appréhender un danger, sans qu'il y ait rien dans la forme qui produise cet effet. Aussi remarque-t-on que la plûpart des objets qui donnent de l'horreur à la première vûe, après que l'expérience ou la raison ont dissipé notre crainte, peuvent devenir une occasion de plaisir, ainsi qu'il arrive à l'égard des bêtes venimeuses, d'une tempête, d'un précipice & d'une vallée ténébreuse.

Des Associations.

III. On verra plus bas *, » Que les
» *Associations d'idées* nous font goûter des
» objets qui n'ont rien d'agréable par
» eux - mêmes, & rejetter des formes
» qui devroient naturellement nous plai-
» re. « C'est ce qui occasionne cette
aversion bizarre, que plusieurs personnes ont pour la figure de certains animaux, & pour quelques autres formes.
On voit, par exemple, un grand nombre
de gens ne pouvoir souffrir le pourceau,
les serpens & quelques insectes, dans lesquels on découvre d'ailleurs une Beauté
réelle ; & cela en conséquence de quelques idées accidentelles, qu'ils leur ont
associées. Car je ne vois pas qu'on puisse
expliquer autrement cette sorte de dégoût.

* Voyez Art. 11. & 12. de cette Section.

Universalité de ce Sentiment.

IV. Quant à la *Beauté* que tous les hommes en général font consister dans le mélange de l'*Uniformité* & de la *Varieté*, nous devons consulter l'expérience. Et comme nous concevons tous les hommes capables de raisonnement, puisqu'ils sont tous en état de comprendre les argumens simples, quoi qu'il y en ait peu qui puissent entendre les Démonstrations complexes, pour montrer que ce Sentiment est universel, il suffit de faire voir que tous les hommes aiment mieux l'uniformité dans les sujets les plus simples, que son contraire, lors même qu'ils n'en espérent aucun avantage, & qu'à proportion qu'ils deviennent plus capables de recevoir & de comparer un plus grand nombre d'idées, ils trouvent plus de plaisir à l'uniformité, ainſi qu'à ſes eſpéces les plus complexes, tant originelles que relatives.

Voyons à préſent ſi jamais quelqu'un a été privé de ce *Sentiment* dans les exemples les plus ſimples. On a fait quelques eſſais dans les exemples les plus ſimples de l'Harmonie, parce que dès qu'on rencontre une oreille incapable de goûter les Compoſitions complexes, telles que ſont nos Airs, on ne ſe donne plus la peine de les lui faire ſentir. Mais il n'en eſt pas de même dans les figures ; & l'on n'a jamais vû un homme choiſir de propos délibéré un Trapeze, ou quelque courbe irréguliére, pour en faire le plan de ſa maiſon ; ou négliger le paralléliſme & l'égalité dans la conſtruction des murailles oppoſées, à moins qu'il n'y ait été obligé par quelque motif de convenance. De même on ne s'eſt jamais ſervi de Trapezes ou de Courbes irréguliéres pour les portes

ou les fenêtres, quoique ces figures euſſent pû également être employ.ées au même uſage, & ſouvent épargner aux Ou-
vriers, du tems, du travail & de la dépenſe.
Malgré la biſarrerie qui régne dans les
Modes, il ne s'en eſt jamais imaginé aucune, où l'on n'ait pû remarquer quelque
ſymétrie, ne fût-ce que dans la reſſemblance des deux côtés du même habit,
& dans quelque convenance avec la figure
du corps. Les groteſques ont toujours une
Beauté relative fondée ſur leur reſſemblance avec des objets, qui ſouvent ſont beaux
dans leur origine, quoiqu'on puiſſe leur appliquer avec raiſon ce qu'Horace dit des
Deſcriptions impertinentes des Poëtes :

Non erat his locus *.

Mais perſonne n'a jamais été aſſez extra-
vagant pour affecter ces ſortes de figures

* Horat. *de Art.* Poët. y. 19.

qui réfultent de l'arrangement fortuit des couleurs liquides. Qui jamais s'eft plû dans l'inégalité des fenêtres d'un même étage, ou dans celle des jambes, des bras, des yeux ou des joües d'une Maîtreffe? Il faut cependant avouer, ,, Que l'intérêt peut
» fouvent contrebalancer le Sentiment
» que nous avons de la *Beauté* dans cette
» occafion, ainfi que dans plufieurs autres,
» & que des qualités fupérieures peuvent
» nous faire négliger ces fortes d'imper-
» fections. «

La Beauté réelle toute feule fuffit pour nous
plaire.

V. On peut ajoûter à ce que je viens de dire, que la *Régularité* & l'*Uniformité* paroiffent répanduës dans l'univers avec tant d'abondance, & que nous fommes tellement portés à les rechercher comme le véritable fondement de la *Beauté* des ouvrages de l'art, qu'on ne fçauroit rien trouver de beau, qui ne tienne en quelque forte de l'une & de l'autre. J'avoue qu'on croit fouvent découvrir plus de beauté dans les objets, qu'il n'y en a en effet ; mais il eft toujours vrai de dire, qu'ils ne nous plaifent qu'à caufe de quelque degré de beauté que nous y apperçevons, quoique nous ne faffions pas toujours attention à toute celle qu'ils poffédent. Nos fens agiffent avec une parfaite *régularité* dans les occafions, où nous goûtons du plaifir, quoique le préjugé nous empêche fouvent de rechercher les objets, qui pourroient nous plaire davantage.

Un Goth fe trompe, par exemple, lorfqu'il regarde l'architecture de fon pays comme la plus parfaite, & qu'en conféquence de quelques idées fondées fur un

principe

principe d'inimitié ; il conçoit pour les
édifices Romains une aversion qui le porte
à les démolir , comme l'ont pratiqué
quelques-uns de nos *Réformés* , pour n'a-
voir pas été en état de distinguer les idées
du culte , de la forme des édifices où on
l'exerçoit. C'est néanmoins cette Beauté
réelle fondée sur le mélange de l'Uniformité avec la variété qui plaît à ce Goth ;
car les colonnes Gothiques font exactement semblables, non seulement dans leurs
profils qui forment des Losanges, mais encore dans leurs hauteurs & dans leurs or-
nemens. Les Indiens observent de même
une espéce de symétrie dans leurs édifices;
& la plûpart des Orientaux, quoique d'un
caractére fort différent du nôtre , n'ont
pas des maniéres moins réguliéres que
les Romains. Les écrans de la Chine
nous fourniffent l'idée d'une difformité ,

dont la Nature eſt extrêmement avare. Les figures qu'ils repréſentent manquent de cette *Beauté* qui réſulte de la juſte proportion des parties, & de leur conformité aux loix de la Nature, quoique chacune d'elles priſe ſéparément ne ſoit pas dépourvûë d'une eſpéce de Beauté & d'Uniformité. Cette maniére de diverſifier les attitudes du corps humain ne ſçauroit manquer de plaire par ſa *varieté*, puiſqu'elle approche toujours quelque peu de la figure humaine.

L'Hiſtoire nous plaît par le même motif.

VI. Il eſt une autre eſpéce de *Beauté*, dont il eût peut-être été à propos de faire mention plus haut, mais qui pourra cependant trouver place ici, parce qu'elle plaît généralement à tous les hommes. On conçoit que c'eſt de la *Beauté* de l'Hiſtoire dont je veux parler. Il n'y a perſonne qui ne s'ennuye à parcourir une collection de Gazettes, quoiqu'elles rapportent peut-être les mêmes évenemens qu'un Hiſtorien. Ainſi le plaiſir que procure l'étude de l'Hiſtoire & de la Poéſie, n'eſt fondé vraiſemblablement que ſur la peinture exacte des mœurs & des caractéres. Quoi de plus intéreſſant en effet, que de découvrir les cauſes ſecrettes d'une infinité d'actions incompatibles en apparence, de démêler un intérêt d'Etat ou un myſtére de Politique, dont l'exécution dépend d'un grand nombre d'évenemens, de circonſtances & de manœuvres oppoſées? Or cela réduit le tout à une unité de Deſſein, ainſi qu'on peut l'obſerver dans les Fables, dont on ſe ſert pour amuſer les enfans, qui ſans cela leur paroîtroient tout-à-fait inſipides.

K ij

VII. On conviendra sans doute de ce que je viens de dire, si l'on se souvient dans toutes les recherches qu'on fait sur l'universalité du sentiment de la *Beauté*, » Que celle d'un objet peut être réelle, » sans être cependant excessive, & qu'il » y a une infinité de formes, qui peu- » vent toutes avoir quelque utilité, » quoique toutes différentes les unes des » autres. « Ainsi les hommes peuvent avoir différentes idées de la *Beauté*, & regarder cependant l'*Uniformité* comme le fondement universel de l'approbation qu'ils donnent à une forme en tant que *Belle*. C'est ce qui arrive dans l'Archi- tecture, le Jardinage, l'Habillement, les Équipages, les Ameublemens, même chez les peuples les moins policés, qui ne laissent pas de goûter l'Uniformité par le seul plai- sir qu'ils trouvent à la contempler.

Différentes opinions touchant nos Sentimens.

VIII. Il ne sera pas inutile de remarquer ici la différence qui regne entre les opinions qu'on a touchant nos Sentimens intérieurs & extérieurs, même dans des cas absolument semblables. Rien n'est plus ordinaire à ceux qui rejettent avec M. *Locke* les idées innées, que d'alléguer, » Que le plaisir que nous goûtons à la vûe » de la *Beauté* & de l'*Ordre*, n'a d'autre » principe que l'*Utilité* la *Coutume* ou » l'*Éducation*, « sans qu'ils apportent d'autres preuves de leur sentiment, que la varieté des idées qu'on remarque parmi les hommes; d'où ils concluent, » Que nos » idées ne naissent point de la Faculté » naturelle d'appercevoir, ou du *Sentiment* » qui est en nous. « Tous conviennent

néanmoins que nos *Sentimens* sont naturels, & que quoique le plaisir ou la douleur qui accompagnent les Sensations,
puissent être augmentés ou diminués par
la *Coutume* ou l'*Education*, & contreba-
lancés par l'intérêt, ils ne laissent pas de
précéder effectivement la Coutume, l'Habitude, l'Éducation ou les vûes intéressées
que nous pouvons avoir. Or il est certain
que les diverses idées qu'on se forme de
leurs objets sont pour le moins aussi
nombreuse que les objets en qui cette
Beauté se rencontre. On peut ajoûter qu'il
est extrêmement difficile, peut-être même
impossible, de ramener les idées ou les
goûts qui dépendent des *Sentimens extérieurs*, à quelque Principe général, ou
de trouver une régle, par le moyen de
laquelle on puisse convenir de ce qui est
agréable ou désagréable. Cependant tout

le monde demeure d'accord, " Que c'eft
" en cela que confiftent les Facultés d'ap-
" percevoir, que la Nature a mifes en
" nous. "

Caufe de cette différence.

IX. Cette diverfité de jugemens ne
vient que de ce que nous manquons de
noms pour défigner les *Sentimens inté-*
rieurs, quoique nous en ayons pour diftinguer les *extérieurs ;* ce qui nous fait
regarder ceux-ci comme plus réels & plus
naturels que les autres. On a donné au
Sentiment que nous avons de l'Harmonie,
le nom de délicateffe d'oreille ; & nous
fommes naturellement portés à le regarder comme une Perception naturelle, ou
comme un Sens tout-à-fait diftinct de celui
de l'Ouie. Or il eft certain, " Que la
" Perception de la *Beauté* dépend auffi

» néceſſairement de la préſence dès *objets*
» *réguliers*, que celle de l'Harmonie de
» la production de certains Sons. «

Un Sentiment intérieur ne préſupoſe point
d'idées innées.

X. On obſervera une fois pour toutes,
que le *Sentiment intérieur* ne préſupoſe pas
plus une *idée innée*, ou un Principe de connoiſſance, que celui qui eſt extérieur.
Ils ſont tous deux des Facultés naturelles
d'appercevoir, ou des *Déterminations* de
l'eſprit à recevoir néceſſairement certaines
idées à la vûe des objets. *Le Sentiment in-*
térieur eſt une Faculté paſſive de recevoir les
idées de la Beauté à la vûe des objets dans
leſquels l'Uniformité ſe trouve jointe à la
Varieté. Cela ne doit point paroître plus
étrange que ce qui arrive tous les jours à
l'égard de l'eſprit ; car on voit qu'il eſt

toûjours déterminé à recevoir l'idée de la *douceur*, lorſque des particules de pareille forme viennent à s'inſinuer dans les pores de la langue, ou à avoir l'idée du *Son*, à l'occaſion de certaines ondulations de l'air. L'un ne paroît pas avoir plus de connexion avec ſon idée que l'autre ; & la même Faculté peut auſſi bien être la premiére occaſion des idées que la derniére.

Les Aſſociations cauſent la diverſité des goûts.

XI. L'*Aſſociation* d'idées dont on a parlé plus haut * eſt la premiére cauſe de la Varieté qu'on remarque dans le Sentiment que nous avons de la Beauté, ainſi que dans les autres *Sentimens exté-rieurs*. C'eſt par elle que des objets qui ſont beaux en effet, plaiſent moins que d'autres qui ont une laideur marquée,

* Voyez Art. 3. de cette Section.

mais sous des conceptions différentes de celles de la *Beauté* ou de la *Laideur*. Voici quelques exemples de ces sortes d'*Associations*. La beauté des arbres, la fraîcheur de leur ombre, & la commodité qu'ils offrent pour se cacher, ont rendu les bois & les forêts la retraite ordinaire de ceux qui aiment la solitude, surtout des Religieux, des Mélancholiques & des Amoureux. On ne voit pas néanmoins que les idées qui accompagnent ces dispositions d'esprit, soient tellement jointes avec ces objets extérieurs, qu'elles reviennent toujours avec eux. L'obscurité de ces sortes de lieux parut si favorable aux Prêtres du Paganisme pour cacher leurs fourberies, qu'ils en firent le théâtre des scènes qu'ils croyoient propres à abuser le peuple; & delà vient que l'idée que nous en avons ne se présente jamais à nous, sans celle de quelque Divinité. Les idées que nous avons de nos Eglifes préfentent des idées femblables, parce qu'elles font perpétuellement deftinées à des exercices religieux. L'obfcurité qui régne dans les édifices Gothiques, & à laquelle Milton * donne l'épithéte de *Religieufe*, eft également affociée avec une idée étrangére. On fçait auffi que toutes les circonftances de tems, de lieu &c, qui fe font préfentées à nous toutes enfemble, lorfque nous étions affectés de quelque paffion violente, font tellement liées, que l'une ne fçauroit jamais revenir fans l'autre ; & c'eft ce qui caufe fouvent le plaifir, la douleur, l'amour & l'averfion que nous reffentons à la vûe de certains objets qui par eux-mêmes nous euffent été indifférens. Mais ce *Confentement* ou ce *Dégoût*

* Milton, *il Penferofo.*

eſt tout-à-fait diſtinct des idées que nous avons de la *Beauté*, & n'a rien de commun avec elles.

D'où naît la différence du plaiſir que cauſe la Muſique.

XII. Pluſieurs perſonnes trouvent dans la Muſique un plaiſir abſolument différent de celui qui naît de l'Harmonie, & qui eſt occaſionné par les paſſions agréables qu'elle excite. On ne peut nier que les paſſions n'influent conſidérablement ſur la voix, & n'y cauſent beaucoup de va-rieté. Ainſi lorſque l'oreille apperçoit quelque reſſemblance entre l'air qu'on chante ou qu'on joue ſur les inſtrumens, ſoit dans la meſure, la modulation, ou quelqu'autre circonſtance, & le ſon qu'a là voix humaine affectée par quelque paſ-ſion, nous en ſommes ſenſiblement tou-chés, & nous devenons mélancholiques, joyeux, férieux, penfifs, &c. par une efpéce de *Sympathie* ou de *Contagion.* On remarque une femblable connexion entre l'air & les paroles qui expriment une paffion à laquelle nous trouvons qu'elles conviennent : auffi ces deux chofes ne manquent-elles jamais de revenir enfem-ble, quoique nos *Sens* ne foient affectés que par l'une d'elles.

Il n'eft donc pas étonnant, vû cette varieté d'idées agréables ou défagréables, qui peuvent accompagner les formes cor-porelles, ou les airs de Mufique, fuivant la difpofition où l'on fe trouve, & les paffions dont on eft affecté ; il n'eft pas étonnant, dis-je, que les hommes ne goûtent pas toûjours également les mêmes objets, quoique le Sentiment qu'ils ont de la Beauté & de l'Harmonie, foit exac-tement le même ; car un grand nombre d'autres idées peuvent plaire ou déplaire, suivant le tempérament des personnes, & les circonstances passées. On sçait à quel point un desert plaît à une personne qui y a passé sa jeunesse, & combien le plus beau séjour est capable de déplaire à celui qui n'y a trouvé que des sujets de chagrin. Ceci peut nous servir dans plusieurs cas à rendre raison de la diversité des goûts qu'on remarque parmi les hommes, sans nier l'*Uniformité* du Sentiment intérieur que nous avons de la Beauté.

XIII. La *Grandeur* & la *Nouveauté* sont deux idées différentes de la *Beauté*, qui nous rendent souvent les objets recommandables. Je n'en toucherai point ici les raisons, parce qu'elles sont étrangéres à mon sujet. Voyez *Le Spectateur* N°. 412.

SECTION VII.

Du pouvoir que la Coutume, l'Éducation &
l'Exemple ont sur nos Sentimens intérieurs.

I. **B**IEN des géns prétendent que la
Coutume, l'Éducation & l'Exemple
font la caufe du goût que nous avons pour
ce qui eft beau, & contribuent plus que
toute autre chofe à nous faire approuver
& choifir certain genre de vie préférablement à tout autré relativement à la morale:
mais je vais montrer qu'il y a dans nous
une Faculté naturelle d'appercevoir, ou
un Sentiment de Beauté antérieur à la
Coutume, l'Éducation ou l'Exemple.

La Coutume ne donne aucun Sentiment
nouveau.

II. Voyons d'abord comment la Coutume influë fur les actions. Elle difpofe

l'efprit & le corps à exécuter aifément les chofes qui ont été fouvent répétées : mais elle ne nous les fait jamais concevoir fous une idée différente de celle fous laquelle nous avons été capables de les envifager la premiére fois, ni appercevoir d'une nouvelle maniére. Nous fommes naturellement fufceptibles de terreur & de crainte à la vûe de quelque objet puiffant. La Coutume peut très-bien attacher l'idée d'une crainte religieufe à certains édifices : mais elle ne fera jamais recevoir ces fortes d'idées à un Etre naturellement incapable de crainte ; tellement que fi nous n'étions capables d'appercevoir, ou de nous former une idée des actions, qu'autant qu'elles nous font avantageufes ou defavantageufes, la *Coutume* nous rendroit feulement plus difpofés à découvrir l'utilité ou le dommage qui en réfulte.

Quant

Quant au plaifir que nous goûtons à la vûe des objets extérieurs ; lorfque le fang ou les efprits circulent rapidement, ou fermentent d'une maniére conforme à l'œconomie animale, à l'aide des remédes ou de la nourriture qu'on prend, ou que les glandes fe déchargent de ce qu'elles contiennent, il eft certain que pour entretenir le corps en bon état, nous prenons goût à des mets, qui par eux-mêmes n'ont rien d'agréable, fuppofé qu'ils faffent rentrer le corps dans cet état de plaifir auquel il eft accoûtumé. La Coutume peut encore altérer le corps de façon que ce qui lui caufoit des Senfations incommodes, ceffe de lui nuire, ou réveille en lui une idée agréable du même Sentiment : mais elle ne fçauroit jamais nous donner l'idée d'un Sentiment différent de ceux qui l'ont précédée : jamais, par exemple, elle ne fera aimer à

L

un aveugle les objets à caufe de leur couleur, ni à un homme qui n'a point de goût,
les mets à caufe de leur délicateffe, quoiqu'ils puiffent rechercher les uns & les autres, à caufe de leur vertu corroborative ou
réjouiffante. Si nos Glandes & les parties
voifines étoient privées de Sentiment,
nous n'appercèvrions jamais le plaifir qui
réfulte de certains mouvemens du fang ;
& jamais la *Coutume* ne nous feroit trouver
agréables les liqueurs & les remédes qui
irritent ou qui enyvrent, s'ils n'étoient pas
tels au goût. De même, fi nous n'avions
point un Sentiment naturel de la *Beauté* qui
réfulte de l'*Uniformité*, la *Coutume* ne nous
eût jamais fait imaginer de la *Beauté* dans
les objets ; comme elle ne nous eût jamais
fait goûter les charmes de l'Harmonie, fi
nous euffions été fans oreilles. Lorfque ces
Sentimens fe trouvent naturellement en

nous, la *Coutume* peut nous rendre capables de porter nos vûes plus loin, & d'avoir des idées plus complexes de la *Beauté* des Corps, ou de l'*Harmonie* des Sons, en augmentant notre attention, & la Faculté d'appercevoir qui eſt en nous. Mais quelque pouvoir qu'ait la *Coutume* d'augmenter la Faculté que nous avons de recevoir & de comparer les idées complexes, elle paroît plus capable d'affoiblir que de fortifier les idées que nous avons de la *Beauté*, ou les impreſſions agréables que les objets réguliers font ſur nos Sens. Seroit-il poſſible autrement qu'une perſonne ſortît en plein air par un beau ſoleil, ou pendant une nuit fort claire, ſans éprouver ces tranſports, dans leſquels Milton nous dépeint nos premiers parens * au moment de leur création ?

* Voyez *le Paradis perdu*, Liv. 8.

L ij

La *Coutume* peut auſſi nous aider à découvrir plus aiſément l'uſage d'une machine compoſée, & nous en faire connoître
l'utilité : mais elle ne ſçauroit jamais nous
la faire imaginer comme *Belle*, ſi nous n'a-
vions aucun ſentiment naturel de la *Beauté*.
Nous pouvons de même avec ſon ſecours
découvrir avec plus de facilité la vérité des
Théorêmes compoſés : mais nous éprouvons que leur *Beauté* nous frappe auſſi vivement dès la premiére fois, qu'après les
avoir examinés avec plus d'attention. Elle
nous rend auſſi plus capables de retenir &
de comparer les idées complexes, & par
conféquent de diſcerner certaine *Uniformité* plus compliquée qui échappe à ceux
qui ne ſont point encore verſés dans aucun
art : mais tout cela ſuppoſe un *Sentiment
naturel de Beauté* fondé ſur l'*Uniformité*.
Car ſi les formes n'avoient rien de capable

de flatter nos Sens, la répétition d'idées indifférentes à l'égard du plaisir ou de la douleur, de la beauté ou de la laideur, ne nous les eût jamais rendues agréables ni désagréables.

Non plus que l'Éducation.

III. L'effet de l'Éducation est de nous attacher à un grand nombre d'opinions spéculatives, quelquefois vraies, quelquefois fausses, & de nous faire souvent regarder des objets qui n'ont aucune qualité réelle, comme la cause du plaisir ou de la douleur que nous ressentons par l'entremise des Sens. Elle est cause encore que certaines Associations d'idées qui ont été produites volontairement ou par hazard, ne peuvent s'effacer qu'avec la plus grande peine. C'est à elle qu'on doit attribuer l'antipathie que quelques personnes ont pour l'obscurité, pour certains mets, & pour certaines actions indifférentes ; ainsi que la sympathie mal fondée qu'on remarque dans quelques autres : mais dans ces exemples, l'Éducation ne nous fait jamais concevoir dans les objets des qualités, que nos Sens sont naturellement incapables d'appercevoir. On sçait ce que c'est que le mal de cœur ; & l'on peut s'imaginer mal à propos que des mets fort salutaires sont capables de le causer : nous recevons aussi par la vûe & par l'odorat des idées désagréables de la nourriture des porcs ; ainsi que de leurs étables ; & il peut arriver que ces idées reviennent malgré nous lorsque nous sommes à table. Mais on n'a jamais vû un aveugle né aimer ou haïr un objet à cause de sa couleur. Il peut avoir entendu mépriser une couleur & la concevoir comme une Qualité sensible tout à

fait différente des autres Sens : mais c'eſt
tout. De même, un homme qui naturellement n'a aucun goût, ne ſçauroit recevoir
l'idée de ce Sens par le ſecours de l'Éducation, ni être ſéduit par la délicateſſe des
mets. Si nous n'avions aucun Sentiment
naturel de la *Beauté* & de l'*Harmonie*, nous
ne pourrions jamais nous laiſſer prévenir
en faveur des objets ou des ſons, en qui ces
qualités ſe trouvent. L'Éducation qu'un
Goth a reçuë, peut bien lui perſuader que
l'Architecture de ſon pays eſt la plus parfaite ; & la haine qu'il a conçuë contre les
Romains, lui faire de même attacher quelques idées déſagréables à leurs édifices,
& l'exciter à les démolir : mais jamais il
n'eût été ſujet à de pareils préjugés, s'il
n'avoit eu aucun Sentiment de la Beauté.
Un aveugle a-t-il jamais raiſonné ſur la pré-
férence que mérite le *Pourpre* ou l'*Écarlate?*

L iiij

'A-t-on jamais vû que l'Éducation l'ait prévenu en faveur de l'une ou de l'autre de ces couleurs ?

Il s'enfuit donc de ce qu'on vient de dire, que l'*Éducation* & la *Coutume* peuvent influer fur nos *Sentimens intérieurs*, lorfqu'elles les précédent, en augmentant la capacité que notre efprit a de réunir & de comparer les parties des compofitions complexes. Dans ce cas, fi des objets extrêmement beaux s'offrent à notre vûe, nous reffentons un plaifir fupérieur à celui que les ouvrages ordinaires excitent en nous : mais tout cela fupofe que le *Sentiment* que nous avons de la *Beauté*, eft naturel. La connoiffance de l'Anatomie, l'étude de la Nature, une obfervation exacte de l'air du vifage, & des attitudes du corps qui accompagnent les *Sentimens*, les *Actions* & les *Paffions*, peuvent nous mettre en état de juger de la juſteſſe d'une imitation : mais ſi nous n'avions aucun *Sentiment naturel* de la Beauté qui s'y trouve, nous n'en ſerions pas plus touchés que de l'arrangement d'une centaine de cailloux jettés au hazard. Les obſervât-on auſſi ſouvent qu'il eſt poſſible, on ne s'appercevroit jamais que leur *Beauté* augmentât.

Comment on ſe défait des Préjugés.

IV. Il ne ſera pas inutile de montrer ici comment on ſe défait des *Préjugés* de l'*Éducation*. Lorſque ces *Préjugés* naiſſent d'une aſſociation d'idées qui n'ont aucune connexion naturelle, on doit s'accoûtumer à enviſager ces objets, ou à en faire uſage, après les avoir détachés de l'idée déſagréable qu'on y a attachée. Par-là on réuſſira enfin à rompre cette liaiſon irréguliére d'idées, ſurtout s'il eſt poſſible de leur en ſubſtituer d'agréables. Par exemple, on ſe défait des opinions ſuperſtitieuſes, en fréquentant des perſonnes recommandables par leur vertu, ou en obſervant le mépris qu'elles en font. Que ſi ce Préjugé eſt fondé ſur la crainte ou ſur l'opinion qu'on a de quelque mal naturel, qu'on regarde comme inſéparable d'un objet ou d'une action, il s'évanouira facilement après quelques eſſais qu'on aura faits de cet objet, ſans en recevoir de dommage. C'eſt ce qui arrive à l'égard de certains mets. Lors au contraire que ce mal ne ſe repréſente point à nous comme une ſuite inſéparable de l'objet dont nous appréhendons d'uſer, on vient à bout de ſe défaire du Préjugé dont on eſt eſclave, par de fréquens raiſonnemens avec ſoi-même, ou par une ſuite d'épreuves innocentes ; comme il arrive à l'égard de la crainte qu'on a des Eſprits dans l'obſcurité & dans les cimetiéres. Que ſi on ſe repréſente ce mal comme ne devant arriver que long-tems après, ou dans une autre vie, il eſt plus difficile de bannir le Préjugé, & l'on n'en vient à bout qu'avec le tems, parce que les eſſais ne ſçauroient avoir lieu. Tels ſont les Préjugés ſuperſtitieux dont on eſt imbu à l'égard de certaines actions, qu'on croit offenſer la Divinité. Auſſi eſt-il très-difficile de s'en défaire.

L'Exemple n'occaſionne point de Sentiment intérieur.

V. L'Exemple paroît opérer de la maniére ſuivante. Nous ſçavons par notre propre expérience, que le plaiſir ou notre utilité particuliére ont beaucoup de part à nos actions; & jugeant des autres par nous‑mêmes, nous concluons qu'il doit ſe rencontrer quelque *Perfection* dans les objets qu'ils recherchent, & quelque mauvaiſe qualité dans ceux qu'ils évitent. L'exemple des autres peut auſſi ſervir à faire ceſſer la crainte du mal qui nous inſpire de l'averſion pour certains objets: mais cela ſupoſe des qualités capables d'être appe çuës par nos Sens ; car l'Exemple n'engagera jamais un aveugle ou un ſourd à rechercher les objets à cauſe de leur couleur ou de leur ſon : jamais il ne nous les feroit aimer à cauſe de leur *Beauté* ou de leur *Harmonie*, ſi nous n'avions aucun ſentiment de ces deux Qualités.

L'Exemple peut nous porter à conclure ſans réflexion, que nos Compatriotes ont atteint la perfection dans leurs Ouvrages; ou qu'il y a moins de Beauté dans l'ordonnance des Édifices & des Tableaux des autres Nations, en ſorte que nous nous contentions d'ouvrages fort imparfaits. La

crainte que nous avons de paſſer pour des
gens dépourvûs de goût & de génie, nous
fait ſouvent approuver les Ouvrages des
Artiſtes qui ont le plus de réputation dans
notre pays ; ce qui detourne ceux qui ont
beaucoup de talent, ou un ſentiment délicat d'aſpirer à la perfection. L'Exemple eſt
cauſe auſſi que des perſonnes qui n'ont aucun goût, prétendent avoir une Perception
plus vive de la *Beauté*, qu'ils ne l'ont en
effet : mais tout cela ſupoſe une Faculté
naturelle de recevoir les idées de la Beauté & de l'Harmonie. Tout le pouvoir de
l'Exemple ſe réduit à engager les hommes
à rechercher par une idée implicite certains objets en vûe de quelque perfection
qu'ils ſe ſçavent incapables de connoître,
ou qui eſt peut-être différente de l'idée,
qu'en ont ceux qui ſont plus en état de
juger de ces ſortes de matiéres.

SECTION VIII.

De l'utilité des Sentimens intérieurs pour la conduite de la vie ; & de leurs Causes finales.

Utilité des Sentimens intérieurs.

I. **L**ES personnes occupées regarde-ront peut-être ce que je viens de dire comme des rêveries d'une imagina-tion échauffée, dignes du mépris de qui-conque aspire à des biens solides & indé-pendans des caprices de l'esprit humain : mais la moindre réflexion suffira pour les convaincre, » Que les plaisirs que nous » goûtons par le canal des *Sens intérieurs,* » sont aussi naturels, anssi réels & aussi » satisfaisans qu'aucun plaisir sensible que » ce puisse être ; & que ce n'est que dans

» la vûe de les obtenir, que nous recher-
» chons l'autorité & les richesses. « Car
en quoi ces derniéres nous sont-elles avan-
tageuses ? Comment nous rendent-elles
heureux & contens de notre sort ? Si ce
n'est en procurant du plaisir à nos *Sens*,
ou aux Facultés par le secours desquelles
nous goûtons ce plaisir. N'y a-t-il que
les *Sens extérieurs* qui méritent ce titre ?
Non sans doute. Tout le monde sçait
qu'un bien médiocre ou une autorité
bornée, procurent plus de plaisir à nos
Sens extérieurs, que nous ne pouvons en
goûter, & que la Disette aiguise souvent ces Perceptions beaucoup plus que
l'abondance, qui émousse ce desir si nécessaire dans la jouissance des plaisirs.
C'est donc avec beaucoup de raison,
que le Poëte conseille de préparer nous-
mêmes nos ragoûts en aiguisant notre

appétit par la sueur & le travail:

. . . . . . *Tu pulmentaria quære
Sudando* . . . . . *

En un mot, le seul avantage qu'une fortune considérable a sur des biens médiocres, les bons offices & les bonnes œuvres mis à part, c'est de nous procurer les plaisirs qui résultent de la *Beauté*, de l'*Ordre* & de l'*Harmonie*.

Il est vrai que les plaisirs que nos *Sens intérieurs* goûtent dans la contemplation des Ouvrages de la Nature sont à la portée de tout le monde, & que les personnes les plus pauvres & les plus abjectes jouissent

---

* *Horat. Lib. 2. Sat. 2. v. 20.* La bouillie faisoit les délices des premiers Romains; & après que leur goût eut changé, ils conserverent encore son nom dans ceux qu'ils donnerent à leurs meilleures sauces & à leurs plus excellens ragoûts, qu'ils appellerent *pulmenta* & *pulmentaria*, du mot *puls, pultis,* qui signifie de la bouillie.

aussi

auffi librement de ces objets à cet égard ,
que ceux qui font dans la plus grande opu-
lence. La proprieté même ne fert de rien
par rapport à la jouiſſance de leur Beauté,
puiſque d'autres perſonnes que le Propriétaire ont ſouvent la liberté d'en jouir. Mais
il eſt d'autres objets de ces *Sens intérieurs,*
dont on ne peut jouir auſſi ſouvent qu'on
le defire, qu'avec le ſecours des *Richeſſes*
& de l'*Autorité.* De ce nombre font l'Architecture, la Muſique, le Jardinage, la
Peinture, l'Habillement, les Équipages,
les Meubles, dont on ne jouit jamais plei-
nement, qu'à la faveur de la proprieté.
Il arrive même ſouvent que certaines *idées*
confuſes nous portent à rechercher la proprieté de pluſieurs objets dont nous ſommes les maîtres de jouir ſans ſon ſecours.
Ce font là les *derniers motifs* qui nous font
ambitionner les richeſſes ſuperfluës lorſque

M

nous ne nous proposons aucune action vertueuse dans cette recherche.

Ce que je viens de dire est confirmé par la conduite des plus grands ennemis de ces *Sens*. Ils ne se voient pas plûtôt au-dessus de leurs pareils, ou débarrassés de l'*Avarice* & de l'*Ambition*, qu'ils reprennent leur naturel, & qu'ils aspirent à faire régner la *Beauté* & l'*Ordre* dans leurs *Maisons*, leurs *Jardins*, leurs *Habillemens*, leur *Table* & leurs *Équipages*. Ils ne sont même satisfaits que lorsqu'ils y ont réussi ; & s'ils veulent nous ouvrir leur cœur, on trouvera que tous leurs vœux, soit pour eux-mêmes ou pour leur postérité, se terminent à la *Régularité*, à la *Décence* & à la *Beauté* que leur imagination leur représente toujours comme le fruit de leur travail. On peut trouver à la vérité quelques personnes plongées dans une ex-trême misére, qui n'aiment autre chose que

l'argent, & dont toutes les penſées ne ten-
dent qu'à amaſſer du bien : mais on auroit
tort d'inférer de cet exemple, que tous les
autres hommes ayent les mêmes ſentimens.

Si l'on examine la conduite de ceux qu'on
croit le plus livrés aux plaiſirs des Sens, on
s'appercevra qu'ils emploient la plus grande partie de leurs revenus à ſe procurer
d'autres Senſations que celles qui flattent
le goût : telles ſont celles qui réſultent
d'une nombreuſe ſuite de domeſtiques, de
la régularité des appartemens, & d'une
vaiſſelle ſomptueuſe. On doit encore ſuppoſer qu'ils en deſtinent une partie à obliger leurs Amis, à gagner les Étrangers &
à entretenir des Paraſites. On en trouveroit peu, qui ſe contentaſſent de jouir des
mêmes Senſations dans une chaumiére, où
ils ne ſeroient ſervis qu'en vaiſſelle de terre.
En un mot, plus on conſidére la nature de

M ij

ces *Senfations internes*, plus on s'apperçoit

» Qu'elles agiſſent ſur nous avec beaucoup

» plus de force, ſoit pour nous cauſer du

» plaiſir ou de l'inquiétude, que tous nos

» Sens extérieurs pris enſemble. «

Cauſe finale des Sentimens intérieurs.

II. A l'égard des *Cauſes finales* de ce *Sen-*
timent intérieur, il eſt inutile de rechercher,

» Si un Etre tout puiſſant, doué d'une in-

» telligence infinie, trouve quelque excel-

» lence réelle dans la régularité des formes,

» dans l'uniformité à agir par des loix gé-

» nérales, & dans la connoiſſance des Théo-

» rêmes. « On ne peut répondre pertinem-
ment à ces queſtions. Nous n'examinerons
point non plus, » Si les autres animaux

» ſont capables ou non, de diſcerner l'*Uni-*

» *formité* & la *Régularité* des objets qui

» échappent à nos obſervations ; & ſi leurs

» Sens ne font point tellement conformés,
» qu'ils apperçoivent la *Beauté* des objets,
» que les nôtres ne peuvent ni examiner,
» ni comparer en conféquence du même
» principe. « Nous nous bornerons aux
fujets qui font à notre portée ; & nous nous
contenterons pour le préfent de rechercher » les raifons qui peuvent avoir obligé
» l'Auteur de la Nature à établir une telle
» connexion entre les objets réguliers &
» le plaifir qui accompagne la Perception
» que nous en avons ; ainfi que celles qui
» peuvent l'avoir porté à créer l'univers
» avec la Régularité & l'Uniformité que
» nous découvrons dans toutes fes parties. «

On doit obferver que les formes & les
mouvemens de tous les grands corps qui
exiftent dans l'univers, ont une Beauté
réelle ; & que fi nous étions placés dans
quelque Planette, nous ne manquerions

M iij

pas de découvrir dans leur mouvement apparent de la *Régularité* & de l'*Uniformité*, & par conséquent de la *Beauté*. Or en supposant que les Sens de leurs habitans sont proportionnés à leur demeure, & les objets qui s'offrent à leur vûe semblables aux nôtres, on a tout lieu de préfumer que les Perceptions qu'ils reçoivent ont auffi le même principe que les nôtres. On peut renfermer dans les Propofitions fuivantes la réfolution des Queftions qu'on vient de propofer.

1°. Il eft certain que les connoiffances fondées fur des Théorêmes univerfels, & les opérations qui émanent des Caufes générales, conviennent extrêmement à des Etres, dont le pouvoir & l'intelligence font limités, puifque par là on évite les diftractions inféparables de la multiplicité des Propofitions, ainfi que la peine & la fatigue

dont l'action est toujours suivie. De-là
vient que la raison ne manque jamais d'approuver ces sortes de méthodes, indépendamment du Sentiment de la Beauté, lorfqu'on réfléchit sur l'utilité qui en résulte.

2°. Les objets que l'esprit contemple,
& dans lesquels l'Uniformité se trouve
jointe à la Varieté, sont beaucoup plus
aisés à comprendre & à retenir que ceux
qui sont irréguliers, parce que l'observation exacte d'une ou deux de leurs parties
conduit souvent à la connoissance du tout.
C'est ainsi, qu'à l'aide d'une colonne ou
deux, y compris l'arc & la corniche, on
peut se former une idée distincte de tout
un édifice, lorsqu'on sçait de quel Ordre il
est composé, & quelle est sa longueur & sa
hauteur. Pour avoir la solidité d'un Corps
régulier, il suffit de connoître un de ses
côtés, & un de ses angles ; de mesurer un

M iiij

des côtés d'un Quarré, pour avoir sa sur-
face entiére. On connoît de même la sur-
face d'un Cercle par l'étenduë du rayon ;
celle d'un Ovale par celle de ses deux diamétres ; enfin celle de la Parabole par celle
d'une Ordonnée & d'une Abscisse ; & ainsi
des autres figures qui ont quelque régularité. Au contraire, il faut considérer une
infinité de parties, pour se former l'idée
d'une figure irréguliére, pour en donner
une idée distincte, ou pour nous mettre
en état de la retenir. C'est ce qui arrive à
l'égard des rochers informes, des pierres
brutes, & des masses disposées sans ordre,
lors même que le nombre de leurs parties
sensibles est beaucoup moindre que dans
les *figures réguliéres*. Car ces sortes d'objets
irréguliers distrayent l'esprit par leur varieté, puisque chaque partie sensible produit en nous une idée différente.

3°. Il suit de ces deux Propositions,
» Que les Etres dont le pouvoir & l'intel-
» ligence sont limités, doivent pour leur
» propre intérêt agir par les moyens les
» plus simples, inventer des Théorêmes
» généraux, & observer les objets régu-
» liers, supposé qu'ils soient aussi utiles
» que les irréguliers, afin d'éviter la peine
» qu'ils auroient à produire chaque effet
» par une opération séparée, à rechercher
» une nouvelle vérité par une voie nou-
» velle, & à attacher une infinité d'idées
» différentes aux objets irréguliers. «

4°. Mais cette vûe d'intérêt à part, il ne
paroît pas y avoir de connexion nécessaire
& antécédente à l'institution de l'Auteur
de la Nature, entre les Formes réguliéres,
les Actes & les Théorêmes, & le plaisir
sensible qui résulte de leur contemplation,
lors même que nous n'avons aucun égard

à l'utilité, dont on a parlé dans la première Propofition. Dieu pourroit même nous avoir formés de façon, que nous ne reçuffions aucun plaifir immédiat d'un pareil objet, ou que nous en goûtaffions à la vûe d'un tout à fait contraire. C'eft ce dont la Beauté des différens animaux nous fournit un exemple affez fenfible. Il n'eft perfonne qui ne prenne quelque plaifir à les voir : mais nous fommes bien plus touchés des beautés particuliéres de notre efpéce que de celles d'une efpéce différente incapable d'exciter en nous aucun defir. Il eft donc vraifemblable que le *Plaifir* n'eft point une fuite néceffaire de la forme même ; car fi cela étoit, il devroit également affecter l'imagination de toutes les autres efpéces. On peut croire au contraire qu'il dépend d'une *Conftitution* volontaire, dont le but a été de conferver la *Régularité* de l'univers;

laquelle vraifemblablement n'eft point l'effet de la Néceffité, mais du choix dans l'Agent fuprême, qui a conftitué nos *Sens.*

Prouvée par la bonté de la Divinité.

5°. On peut conclure de ce qui précéde, » Qu'en fuppofant affez de bonté dans la » Divinité, pour avoir attaché un *plaifir* » *fenfible* à certains actes, ou à certaines » contemplations, indépendamment de » l'utilité qu'on efpére d'en recevoir, il y » a une néceffité morale fondée fur cette » même *Bonté*, que le Sentiment intérieur » des hommes, foit conftitué de façon » qu'ils trouvent du plaifir dans l'union de » l'*Uniformité* & de la *Varieté.* « Si cela n'étoit point, fi les objets irréguliers, les vérités & les actes particuliers nous étoient agréables, outre le travail inutile dans lequel cet arrangement nous jetteroit, tous les Agents raisonnables feroient sans cesse mécontens d'eux-mêmes, puisque la raison & l'intérêt nous conduiroient à des Causes générales simples, qu'un Sentiment contraire de Beauté nous feroit désapprouver. Nous regarderions les Théorêmes généraux comme le moyen le plus sûr d'acquérir une connoissance plus étenduë de ce qui peut nous être utile ; tandis qu'un Sentiment contraire nous engageroit dans la recherche des Vérités particuliéres. La pensée & la réflexion nous feroient estimer les objets dans lesquels l'Uniformité se trouve jointe à la Variété, en même tems que cet instinct pervers nous jetteroit dans la confusion, qui résulte d'une trop grande variété. Delà il s'ensuit, » Qu'il est de la » bonté que nous supposons dans l'Etre su- » prême, d'avoir constitué nos Sens inté- » rieurs, de façon qu'ils trouvent du plaisir

» dans la contemplation des objets, dont
» un esprit fini peut retenir commodément
» l'idée sans la moindre distraction ; dans
» les actes les plus efficaces & les plus
» abondans en effets utiles ; & dans les
» Théorêmes qui donnent le plus d'éten-
» due à notre esprit. «

*Raisons qui ont porté l'Auteur de la Nature
à agir par des Loix générales.*

III. On demandera peut-être quelle raison a pû porter la Divinité, que la diversité
d'actes ne sçauroit ni distraire ni fatiguer,
à choisir les opérations qui s'exécutent par
les voies les plus simples & par les loix
générales, préférablement à toute autre, &
à répandre l'Uniformité, la Proportion &
la Symétrie dans toutes les parties de la
Nature que nos Sens peuvent découvrir ?
Peut être y a-t-il dans cette maniére d'agir

& dans ces formes, quelque excellence réelle qui nous eſt inconnuë : mais on peut avancer avec quelque fondement que la même bonté, qui pour les raiſons qu'on a déja alléguées, a porté le Créateur à conſtituer le Sentiment que nous avons de la Beauté, tel qu'il eſt, l'a auſſi engagé à orner le Théâtre ſur lequel nous vivons d'une façon qui nous fût agréable, & la partie qui eſt expoſée aux obſervations des hommes d'une maniére propre à flatter leurs Sens; ſurtout ſi nous ſuppoſons qu'il a eu deſſein de ſe faire connoître par ſa ſageſſe & par ſa bonté, autant que par ſa puiſſance. Par là, il leur a donné par toute la terre des preuves de ſon intelligence, de ſa ſageſſe, de ſa bonté & de ſes deſſeins, fort ſupérieures à celles qu'ils auroient pû tirer de la raiſon, du conſeil & de la bonté des Créatures avec leſquelles ils vivent;

& infpiré en même tems par cet arrangement une pleine perfuafion des qualités, dont ils ont befoin pour leurs affaires communes.

Quant aux Opérations de la Divinité par des *Loix générales*, il en eft une autre raifon fondée fur un Sentiment fupérieur à ceux dont on a déja parlé, même à celui de la Vertu ou de la Beauté de l'action, qui eft le fondement de notre plus grand bonheur. Car s'il n'y avoit aucune Loi générale dans la Nature, il n'y auroit ni prudence, ni deffein dans l'homme : on ne pourroit attendre aucun effet des Caufes ; on ne pourroit former aucun plan de conduite, ni rien exécuter avec ordre. Si donc fuivant la conftitution de notre Nature, notre plus grand bonheur dépend de nos actions, ainfi qu'il eft facile de le prouver ; » L'Univers doit être gouverné,

» non par des *Volontés particuliéres*, mais
» par des *Loix générales*, fur lefquelles nous
» puiffions fonder notre attente, & former
» un plan de conduite. « Au refte, quoique pour l'ordinaire rien ne foit capable
d'interrompre ces Loix générales, fi la
Divinité fufpendoit leurs effets toutes les
fois qu'il feroit néceffaire de prévenir quelque mal particulier, ce feroit le moyen de
furféoir cette prudence & cette circonf-
pection que les hommes doivent apporter
dans leur conduite, puifqu'un Efprit fupérieur les déchargeroit du foin de veiller
fur leurs actions.

Fin de la premiére Partie.

www.ingramcontent.com/pod-product-compliance
Lightning Source LLC
LaVergne TN
LVHW021702060726
842527LV00003B/973